Deutsch kombi plus 5

Differenzierende Ausgabe

Arbeitsheft
mit Medien

Ernst Klett Verlag
Stuttgart · Leipzig · Dortmund

Inhalt

Schreiben

Schriftlich erzählen

Personen, Gegenstände und Wege beschreiben

Briefe und E-Mails schreiben

Lesen

Texte verstehen

Sprache

Grammatik

Rechtschreibung

Überprüfe dich selbst

Klassenarbeitstraining

Tests zu Rechtschreibung und Grammatik

Anhang

Seite 278–279

Geschichten zu Bildern schreiben

Arbeitstechnik

V01

Eine Geschichte mithilfe eines Erzählplans schreiben

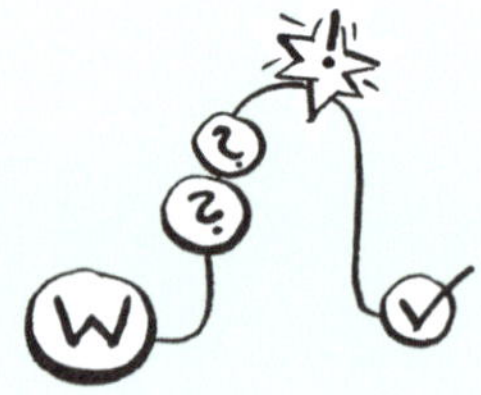

Ein **Erzählplan** hilft dir, deine Geschichte in einzelnen **Erzählschritten** in der richtigen Reihenfolge zu schreiben.

Dafür kannst du eine Tabelle nutzen, in der du zu den Teilen der Geschichte – Einleitung, **Hauptteil** und **Schluss** – Stichworte notierst.

- Beginne mit der **Einleitung**. Beantworte darin die **W-Fragen** Wann? Wo? Was? und Wer? Du kannst hier auch eine Hauptfigur beschreiben.
- Erzähle im **Hauptteil** deine Geschichte in mehreren **Erzählschritten**. Dabei erzählst du Schritt für Schritt in der richtigen Reihenfolge bis zu einem **Höhepunkt**, der die spannendste Stelle der Geschichte ist.
- Am **Schluss** löst du mit wenigen Sätzen die Spannung auf und klärst alle offenen Fragen.

○ **1** **Sieh dir die Bildergeschichte an. Gib dem Mädchen und dem Hund einen Namen.**

○ **2** **Ordne jedem Bild die passende Sprech- oder Denkblase zu. Notiere hinter den Sprechblasen die Bildnummern. Lies mit der richtigen Betonung, was das Mädchen sagt oder denkt.**

Guck mal, was du angerichtet hast! Was soll ich denn jetzt machen? Frau Korn hat heute Geburtstag, und ich wollte ihr Blumen mitbringen! ☐

Mein liebes Hündchen! Guck mal, ich habe dir deine Lieblingswurst mitgebracht! ☐

Oh, nein! Es war gar nicht der Hund! Und ich habe so mit ihm geschimpft! ☐

Wo sind denn die ganzen Blumen hin? Wer war das? Na warte! 1

Mann, bin ich wütend! Zur Strafe kriegt er heute kein Futter! ☐

Du gehst sofort ins Haus! Woher soll ich denn jetzt die Blumen für Frau Korn nehmen? ☐

○ **3 Jetzt kannst du zu den Bildern auf Seite 4 eine Geschichte planen. Nutze dazu den Erzählplan und antworte in Stichworten.**

Erzählplan	Fragen	Antworten
EINLEITUNG Wie beginnt die Geschichte?	Wann ist deine Geschichte passiert?	*keine Ahnung*
	Wo ist deine Geschichte passiert?	*im Garten und im Haus der beiden Figuren*
	Was ist am Anfang passiert?	
	Wer erlebt etwas?	
	Wie sind diese Figuren?	
HAUPTTEIL Wie geht es weiter?	Was machen die Figuren?	
	Was passiert den Figuren?	
SCHLUSS Wie endet die Geschichte?	Gibt es ein gutes oder ein trauriges Ende?	
	Was genau passiert am Ende?	

Seite 278–279

○ **4** **Adjektive helfen uns, eine Geschichte interessant zu erzählen. Schreibe zu jedem der Bilder in Aufgabe 1 auf Seite 4 zwei Adjektive für das Mädchen sowie zwei für den Hund, falls er dabei ist.**

1 Mädchen: erschrocken, überrascht – Hund: fröhlich, übermütig

2

3

4

5

6

○ **5** **Wenn du eine Geschichte schreibst, dann musst du oft darin aufschreiben, was die Figuren, Menschen oder Tiere sagen. Notiere zum Wortfeld SAGEN noch acht weitere Verben.**

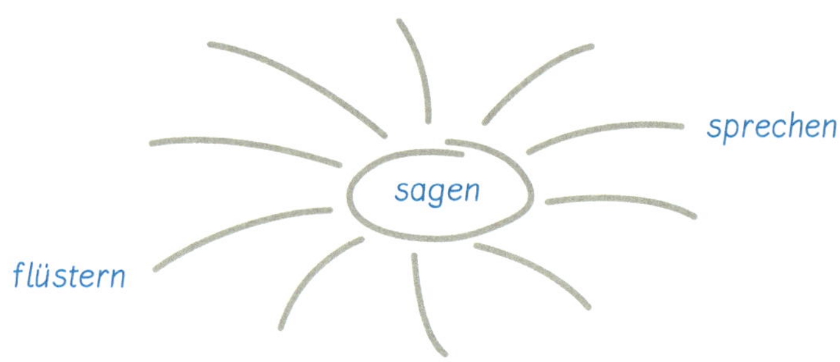

○ **6** **Schreibe nun die vollständige Geschichte vom Mädchen und seinem Hund auf. Gehe so vor:**
Starte mit der Ausgangssituation. Was will das Mädchen machen?
Beachte die W-Fragen und den Erzählplan.
Nutze die Sprechblasen. Schreibe in wörtlicher Rede, was das Mädchen denkt und spricht.
Beschreibe auch die Gefühle des Mädchens.
Vergiss nicht eine passende Überschrift für die Geschichte zu notieren.

○ **WEG A** **Schreibe jetzt deine Geschichte aus Aufgabe 6 aus der Sicht des Mädchens. Schreibe in der Ich-Form.**

____

____

____

____

____

____

____

____

WEG B / **WEG C** **Sieh dir die folgenden Bilder an.**

◒ **WEG B** **Verfasse nun zu dieser Bilderfolge eine Geschichte. Sammle zunächst in der Tabelle Ideen, was jeweils auf dem Bild passiert.**

Bild A	Bild B	Bild C
erste Tour mit dem neuen Mountainbike		

Schreibe nun mithilfe der Stichpunkte deine Geschichte.
- Beschreibe, wer, wann, wo, was macht. Du kannst auch schreiben, was „zwischen den Bildern" passiert, und weitere Figuren einführen.
- Vergiss nicht zu schreiben, was die Figuren jeweils fühlen, denken und sagen.
- Verwende die wörtliche Rede.
- Überlege dir eine passende Überschrift und schreibe sie auf.

● **WEG C** **Schreibe selbstständig zu diesen drei Bildern eine Geschichte auf ein extra Blatt.**

Seite 277

Eine Fantasiegeschichte schreiben

Arbeitstechnik

Spannend und lebendig erzählen

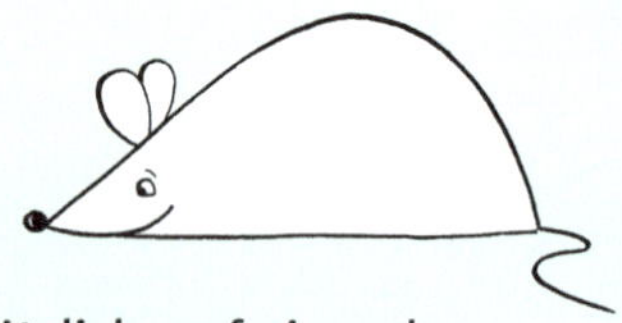

Um deine Zuhörer zu begeistern, musst du deine Geschichte spannend erzählen. Achte darauf, dass du die **Spannung langsam aufbaust**. Der Körperbau der **Erzählmaus** verdeutlicht den Aufbau einer spannenden Erzählung.

1. Führe in der Einleitung zum Hauptteil hin.
2. Gestalte den Hauptteil in mehreren Erzählschritten. Lass die Geschichte nach und nach **bis zum Höhepunkt spannender** werden.
3. Baue Spannung auf, indem du
   - **Satzanfänge** wie plötzlich, auf einmal, gerade als ... verwendest.
   - **treffende Adjektive** und **Verben** verwendest.
   - **Gefühle, Gedanken** und **Sinneseindrücke** beschreibst.
   - die **wörtliche Rede** nutzt.
4. **Löse** am Schluss die **Spannung auf**, indem du beschreibst, wie die Geschichte ausgeht.

○ **1** **Lies den folgenden Text.**

Der Löwe Ludwig ist schon lange unglücklich im Berliner Zoo. Seine ganze Familie lebt in einem Zoo in Bayern. Darum hat er beschlossen, Berlin zu verlassen und nach Bayern zu gehen. Im Bayerischen Wald angekommen, steht er auf einmal vor einem großen Schloss. Hier beginnt deine Geschichte. Was erwartet Ludwig im Schloss?

○ **2** **Der Löwe Ludwig schaut sich das Schloss von außen genau an. Wie stellst du dir das Schloss vor? Beschreibe es in drei Sätzen. Nutze die folgenden Adjektive.**

baufällig | dunkel | verwunschen | geheimnisvoll | riesig | verwinkelt | alt

____

____

____

○ **3** **Löwe Ludwig überlegt, wer wohl in so einem großen Schloss wohnen könnte. Ordne den Bewohnern die folgenden Eigenschaften zu. Nutze dazu die Tabelle.**

winzig | hübsch | höflich | frech | durchsichtig | gruselig | lautlos | pelzig | nett

Schlossbewohner	Eigenschaften
1 Prinzessin	
2 Mäuse	
3 Gespenster	

○ **4** **Wer könnte noch im Schloss wohnen? Ergänze in der Tabelle weitere Bewohner und passende Eigenschaften.**

○ **5** **Was erlebt Ludwig jetzt? Im Schloss wird eine Prinzessin von drei Gespenstern gefangen gehalten. Bringe die folgenden Erzählschritte für den Hauptteil in eine sinnvolle Reihenfolge. Sammle zu den Erzählschritten 1–6 (auf Seite 9 und 10) noch mehr Ideen.**

- ☐ In der Eingangshalle trifft er auf drei Gespenster.
- ☐ Die Gespenster verstellen ihm den Weg und wollen ihn mit einem Netz fangen.
- ☐ Die Prinzessin bedankt sich mit einem Kuss bei dem Löwen.
- ☐ Am Schluss verschwinden die drei Gespenster für immer.
- ☐ Ludwig hört die Hilferufe der Prinzessin aus dem Schlossturm.
- ☐ Ludwig überwindet die Gespenster und befreit die Prinzessin.

Erzählschritt 1:

Erzählschritt 2:

Erzählschritt 3:

Erzählschritt 4:

Seite 277

Erzählschritt 5:	Erzählschritt 6:

○ **6** **Um deine Geschichte in der richtigen Reihenfolge aufzuschreiben, kannst du den Erzählplan nutzen. Fülle die Tabelle aus.**

Erzählplan	**Ort**	**Figuren, Objekte, Tiere . . .**	**Handlung, Gefühle**
EINLEITUNG			
HAUPTTEIL mit sechs Erzähl-schritten			
SCHLUSS			

○ **7** **Sieh dir die Erzählschritte im Hauptteil nun etwas genauer an, um herauszufinden, an welcher Stelle die Spannung am höchsten ist. Markiere dazu den passenden Erzählschritt in deinem Erzählplan.**

○ **8** Als der Löwe die drei Geister zum ersten Mal erblickt, hat er große Angst. Schreibe unten in die Gedankenblasen, was der Löwe in diesem Moment fühlen und denken könnte.

○ **9** Deiner Geschichte fehlt jetzt noch die Einleitung. Schreibe sie mithilfe der Aufgaben 1 und 2 auf Seite 8 auf einem extra Blatt auf.

○ **WEG A** Schreibe nun die Geschichte vom Löwen vollständig auf ein extra Blatt. Denke an Einleitung, Hauptteil und Schluss. Nutze dafür den Erzählplan in Aufgabe 6. Nutze verschiedene Verben und Adjektive.

◒ **WEG B** Schreibe nun die Geschichte vollständig auf. Gestalte Einleitung, Hauptteil und Schluss. Verwende wörtliche Rede für Sprache und Gedanken der Figuren. Verwende ein extra Blatt.

● **WEG C** Zeichne auf einem extra Blatt den Spannungsbogen der Geschichte von Ludwig dem Löwen. Beschrifte ihn. Schreibe dann die Geschichte selbstständig auf. Denke an die abwechslungsreiche sprachliche Ausgestaltung. Gib Äußerungen, Gedanken und Gefühle der Figuren wieder.

Tipp

Wenn du etwas geschrieben hast, möchtest du es auch vorlesen und wissen, ob es den Zuhörerinnen und Zuhörern gefallen hat. Sie sagen dir, was du gut gemacht hast oder woran du vielleicht noch arbeiten musst. Das nennt man Feedback geben.

Seite 16–17

Personen beschreiben

Arbeitstechnik

Einen Steckbrief schreiben

Ein **Steckbrief** gibt knapp und **stichwortartig Auskunft** über eine **Person**. Er enthält nur die wichtigsten Informationen.

1. Sammle **Informationen** über die Person. Stelle dazu Fragen (→ Wie alt bist du?) und notiere die Antworten.
2. Schreibe **die wichtigsten Stichworte** (→ Name, Geburtstag, Alter, Aussehen) an den Anfang.
3. Notiere weitere Stichworte, über die du informieren möchtest (→ Geschwister, Hobbys, Lieblingsessen …).
4. **Fülle** dann den Steckbrief **aus**. Formuliere die Informationen in Stichworten.
5. Ergänze ein **Foto** oder ein gemaltes **Bild** der Person.

Steckbriefe kannst du auch zu **literarischen Figuren** oder zu **Pflanzen** und **Tieren** schreiben. Dafür solltest du passende Stichworte finden (→ Lebensraum, Nahrung …).

○ **1** **Lies die Texte. Wähle die wichtigsten Informationen über jede Person aus und notiere sie auf Seite 13 oben.**

Ich heiße Anna. Mein Hobby ist Musik hören. Ich habe noch vier kleine Geschwister: eine Schwester und drei Brüder. Oft helfe ich den Kleinen. Bei uns zu Hause ist immer was los! Manchmal ist das ziemlich nervig, besonders wenn sich die Zwillinge streiten. Am liebsten esse ich Pizza.

Ich heiße Igor. Seit sieben Jahren lebe ich mit meiner Familie in Deutschland. Geboren bin ich in Russland. Mit Mama und Papa spreche ich Russisch. Die meiste Zeit verbringe ich am Computer. Ich bin aber auch gerne draußen und spiele Basketball.

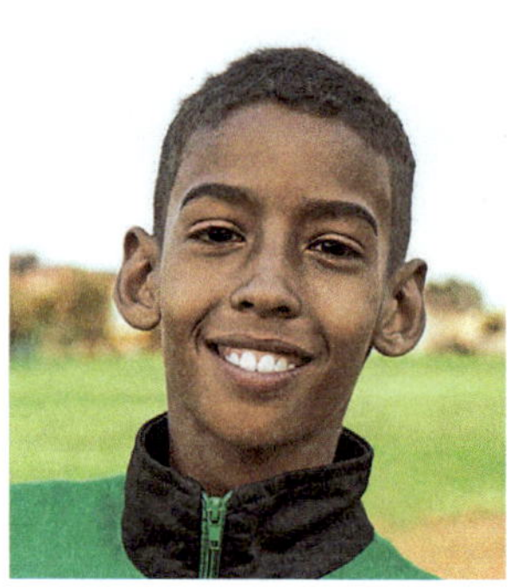

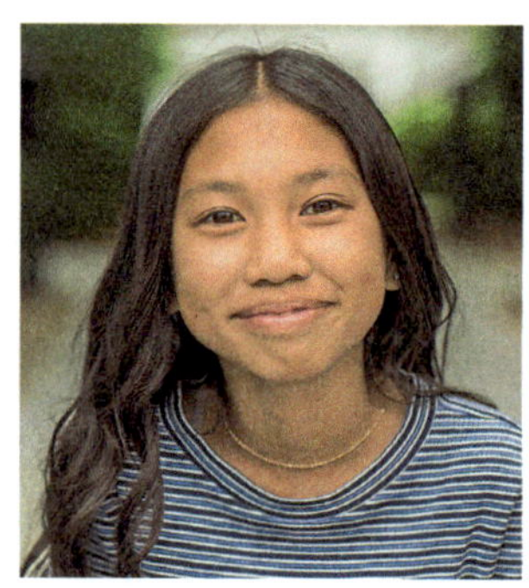

Mein Name ist Ismail. Das ist ein arabischer Name. Meine Mutter kommt aus Marokko. Aber dort war ich bis jetzt nur einmal in den Ferien. Zu Hause sprechen wir Arabisch. Zur Schule fahre ich mit dem Fahrrad. Nur im Winter laufe ich. Ich spiele gern mit meinen Freunden Fußball. Später will ich Fußballtrainer werden.

Ich heiße Anisa, aber alle nennen mich Nisa. Ich bin in Worms geboren. Das liegt am Rhein. Leider kann ich nur eine Sprache gut: Deutsch. Seit der 3. Klasse lerne ich Englisch. Ich mag Hunde und lese gern Fantasy-Bücher. Oft treffe ich mich auch mit meinen Freundinnen.

Sie heißt Anna. Ihr Hobby ist Musikhören. Sie hat ...

Sein Name ist Ismail.

Er heißt Igor.

Ihr Name ist Anisa.

○ **2** **Ergänze die Fragen, die du einem neuen Mitschüler oder einer neuen Mitschülerin stellen könntest.**

1. Welche Sprachen sprichst du?

2. Was machst du besonders

3. Welchen Beruf möchtest du

4. Wer gehört zu

5. Welches Haustier

7. Was liest

8. Welches Musikinstrument

○ **3** **Stelle dich selbst in einem Steckbrief vor.**

Das bin ich ...

Hier kann dein Foto kleben.

Vorname:

Haarfarbe:

Augenfarbe:

Größe:

Geburtstag:

Geschwister (Alter):

Hobbys:

Lieblingstier:

Lieblingsessen:

Was ich überhaupt nicht mag:

Seite 16–17

○ **WEG A** **Lege einen Steckbrief zu einer Partnerin oder einem Partner an. Nutze die Fragen aus Aufgabe 2 (Seite 13) und notiere die Antworten aus diesem kleinen Interview. Danach gestalte den Steckbrief.**

NOTIZEN

STECKBRIEF

◒ **WEG B** **Schreibe einen Steckbrief zu einem Familienmitglied. Informiere zu mindestens zehn Fragen oder Punkten.**

DAS IST MEIN / MEINE …

● **WEG C** **Erweitere deinen eigenen Steckbrief von Seite 13 (Aufgabe 3), indem du fünf weitere Punkte ergänzt.**

DAS BIN ICH (AUCH)

Seite 282

Gegenstände beschreiben

Arbeitstechnik

V02

Einen Gegenstand beschreiben

Um einen Gegenstand wiederzuerkennen oder wiederzufinden, musst du ihn genau beschreiben.

1. Mache dir **Notizen** zu:
   - Art und Name (eventuell Funktion)
   - Form
   - Größe
   - Farbe und Muster
   - Material
   - Einzelteile
   - besondere Merkmale
2. Schreibe mithilfe deiner Notizen einen **sachlichen Text**. Lasse Ausschmückungen, Gefühle und Eindrücke weg.
3. Wähle für deine Beschreibung **treffende Adjektive**.
4. Schreibe im **Präsens**.

1 Lies über die folgende Situation.

Numans neuer Schulrucksack ist weg. Er hatte am Mittwoch nach der Schule auf seinen Schulbus gewartet. Da es sehr heiß war, ließ er den schweren Rucksack einfach an der Haltestelle stehen. Direkt gegenüber war eine Eisdiele. Was sollte schon passieren? Numan holte sich also ein Eis. Als er zurückkam, war der Rucksack verschwunden. Der Busfahrer riet ihm, zur Polizei zu gehen.

2 Damit die Polizei den Schulrucksack finden kann, muss er genau beschrieben werden. Sieh dir die Zeichnung an. Schreibe die passenden Begriffe an die Zahlen.

1 Tragegriff ______
2 gepolsterte Schultergurte ______
3 ______
4 ______
5 ______
6 ______
7 ______
8 ______
9 ______
10 ______
11 ______

Seite 282

○ **3** **Trage alle Angaben zu Numans Schulrucksack in die Tabelle ein. Denke dir weitere Besonderheiten aus.**

Merkmale des Gegenstandes	Angaben zur Beschreibung
Art und Name	
Form und Größe	*rechteckig und oben abgerundet; 33 Liter*[1]
Farbe und Muster	
Material	*Nylon und Polyester*[2]
Einzelteile	
Besonderheiten	

1 Größen werden bei Rucksäcken in Liter angegeben. Das nennt man Fassungsvermögen.
2 **Nylon**: Chemiefaser zur Herstellung von Kleidungsstücken; **Polyester:** Rohstoff zur Herstellung von Kunstfasern

Tipp

- Muster: gestreift, kariert, gepunktet …
- Materialien: Stoff, Leder, Plastik …
- Einzelteile: Reißverschluss, Henkel …

○ **WEG A** **Beschreibe Numans Rucksack mithilfe der Abbildung und der Tabelle. Nutze ein extra Blatt. Schreibe sachliche Sätze mit treffenden Adjektiven.**

◒ **WEG B** **Schreibe eine Suchanzeige für den Rucksack, zum Aushängen in der Schule. Beschreibe alles treffend und genau, auch die Situation des Verlustes. (Wann? Wo? Wie?) Denke an eine Kontaktinformation.**

● **WEG C** **Lies die folgende Suchanzeige und markiere ungenaue Angaben. Korrigiere sie und schreibe sie neu. Denke dir dafür die Angaben aus.**

Letzte Woche habe ich meine coolen Sportschuhe liegengelassen. In der Schule habe ich überall gesucht. Sie sind zwar alt, aber noch prima. Mein Opa hat sie mir zum Geburtstag geschenkt. Bin echt traurig. Das Material ist dunkel und vielleicht war der linke Schuh etwas kaputt, ich bin nicht sicher. Marke weiß ich nicht. Ruft mich an, wenn ihr sie findet, ja? Bis bald.

Wege beschreiben

Arbeitstechnik

Einen Weg beschreiben

Wenn du einen Weg beschreibst, solltest du Folgendes beachten:

1. Nenne den **Startpunkt** → einen bestimmten Ort oder einen Straßennamen.
2. Nenne das genaue **Ziel** → einen bestimmten Ort oder einen Straßennamen.
3. Suche dir eine **Wegstrecke** vom Startpunkt zum Ziel aus. Verwende einen Stadtplan oder eine Skizze.
4. **Achte** bei deiner Beschreibung **auf Folgendes**:
   - Nenne Orts- und Straßennamen.
   - Nenne auffällige Punkte als Orientierungshilfen. → Spielplatz, Park, Bahnhof …
   - Verwende Richtungsangaben. → rechts, schräg links, geradeaus, zwischen …
   - Beschreibe den Weg in der richtigen Reihenfolge.
   - Formuliere sachlich.
   - Schreibe im Präsens.

1 Sieh dir den Stadtplan an und lies die Wegbeschreibungen. Zeichne die fehlenden Gebäude ein.

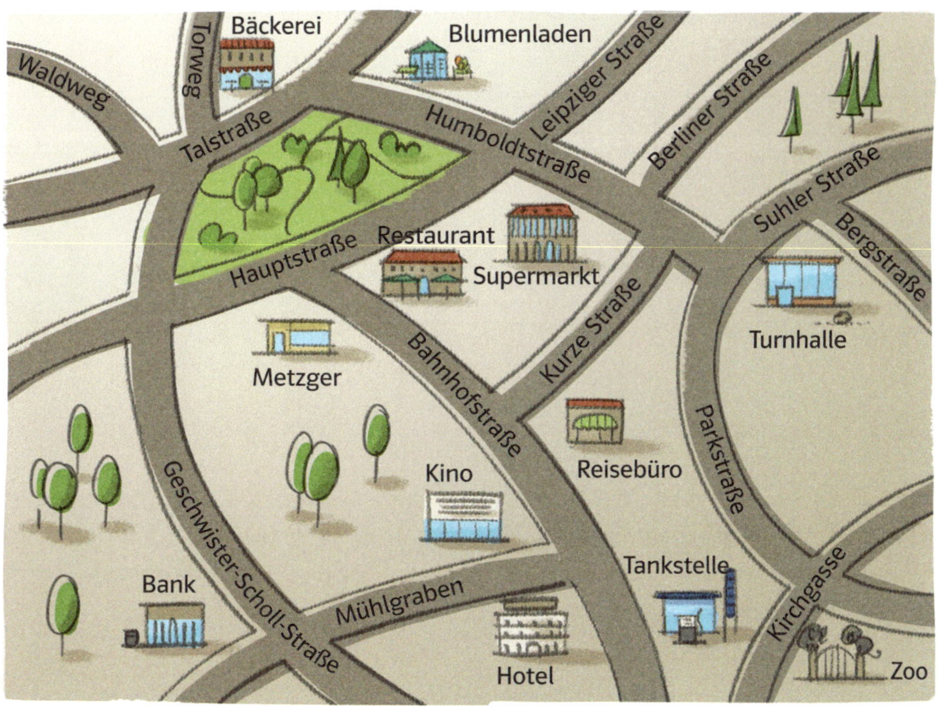

2. Der Kindergarten: Wenn du vom Theater zum Kindergarten möchtest, musst du rechts in die Bahnhofstraße gehen. Geh bis zur Hauptstraße geradeaus, biege dort links ab. Die nächste Straße musst du wieder rechts gehen. Auf der linken Seite ist der Kindergarten.

1. Das Theater: Du stehst vor der Bäckerei. Geh die Talstraße nach links, geradeaus bis zur Humboldtstraße. Biege rechts in die Humboldtstraße. Gehe am Supermarkt vorbei geradeaus bis zur Kurzen Straße, dort dann rechts. Das Theater ist gegenüber vom Reisebüro.

3. Die Schule: Vom Kindergarten zur Schule ist es weit. Du musst die Geschwister-Scholl-Straße ein kleines Stück zurückgehen und links in die Hauptstraße einbiegen. Geh diese bis zur Humboldtstraße. Biege dort rechts ab. Am Ende der Humboldtstraße musst du rechts in die Parkstraße. An der Parkstraße/ Ecke Kirchgasse ist die Schule auf der linken Seite.

Seite 281

WEG A Beschreibe den Weg von der Bank zum Blumenladen. Orientiere dich am Stadtplan.

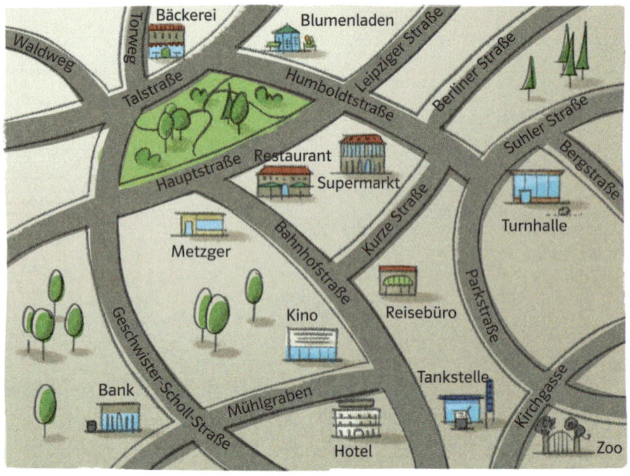

WEG B Beschreibe einen Fußweg zu dir nach Hause, zum Besipiel von der Schule, vom Training, von der Pizzeria. Entscheide den Startpunkt. Dann verwende Richtungsangaben wie NACH LINKS, GERADEAUS... Nenne wichtige Straßen, Plätze oder Gebäude. Schätze die Entfernungen oder Minuten.

Mein Weg beginnt *Von dort aus gehe ich zuerst*

WEG C Zeichne einen Ausschnitt deines Stadtteils oder deines Wohnortes. Zeichne auch dein Zuhause und andere Gebäude ein. Markiere dann ein Ziel, das du magst, zum Beispiel das Eiscafé oder den Zoo. Beschreibe den Fußweg von euerm Haus bis dorthin. Für die Skizze kannst du auch ein extra Blatt benutzen, falls der Weg weit ist.

Seite 283

Persönliche und offizielle Briefe und E-Mails schreiben

Arbeitstechnik

V03
V04

Offizielle und persönliche Briefe / E-Mails schreiben

Es gibt unterschiedliche Arten von Briefen und E-Mails.

Offizielle Briefe und E-Mails schreibt man an Personen, die man nicht so gut kennt, z. B. an die Bürgermeisterin.

Persönliche Briefe und E-Mails schreibt man z. B. an eine Freundin oder einen Freund, die Oma oder die Eltern.

	offizieller Brief / offizielle E-Mail	persönlicher Brief / persönliche E-Mail
Anredeformel	Sehr geehrte Frau … Sehr geehrter Herr …	Hallo … Liebe(r) …
Grußformel	Mit freundlichen Grüßen … (vollständiger Name)	Liebe Grüße … Herzliche Grüße … (Vorname)
Anredepronomen	Sie, Ihr, Ihre, Ihnen	du, dir, dich, ihr, euch

○ **1** **Trage die Anredeformeln in die nachfolgende Tabelle ein.**

Hallo Björn,

Hi, ihr Lieben,

Sehr geehrter Herr Direktor,

Sehr geehrte Frau Dr. Schulze,

Sehr geehrte Damen und Herren,

Lieber Herr Walter,

Liebe Lola,

	offizieller Brief	persönlicher Brief
Anredeformel		

Seite 283

○ **2 Trage die Grußformeln in die Tabelle ein.**

Mit herzlichen Grüßen | Küsschen, dein/deine … | Liebe Grüße | Lass es dir gut gehen! | Ich verbleibe mit freundlichen Grüßen. | Bis bald! | Tschüss

	offizieller Brief	persönlicher Brief
Grußformel		

○ **3 Lies die E-Mail und den Brief und vergleiche beide miteinander.**

Von: thilo@mail.de
An: silke@mail.de
Betreff: Viele Grüße

Senden

Hallo Mum, hier kommt ein E-Mail-Gruß von mir. Wir sind gerade in einem Internet-Café. Unser Trainingslager ist irre hart ☺, aber super. Wir haben viel Spaß. Mach dir keine Sorgen, es geht mir gut. Die Erkältung ist wirklich vorbei, ehrlich! Ich muss jetzt Schluss machen, es gibt gleich Essen. Kuss. Thilo

Brief des dreizehnjährigen Wolfgang Amadeus Mozart (1756–1791) an seine Mutter

Allerliebste mamma! *Wirgl, Dezember 1769*

Mein Herz ist völlig entzücket aus lauter Vergnügen, weil mir auf dieser reise so lustig ist, weil es so warm ist in dem wagen und weil unser gutscher ein galanter[1] kerl ist. Welcher, wenn es der weg ein bischen zuläßt so geschwind fahrt. Die reisebeschreibung wird mein papa der mama schon erkläret haben, die ursache daß ich der Mama geschrieben ist, zu zeigen, daß ich meine schuldickeit weis, mit der ich bin in tiefsten Respect ihr getreuer sohn

Wolfgang Mozart

1 **galant**: besonders höflich, freundlich

◒ **4 Welche Unterschiede sind dir zwischen der E-Mail und dem Brief aufgefallen? Schreibe sie auf.**

WEG A **Schreibe einen Brief an ein Familienmitglied. Berichte von deiner letzten Reise oder Klassenfahrt. Schreibe auf ein extra Blatt, denke an Anrede und Grußformel.**

WEG B **Ergänze die E-Mail einer Schülerin der 5a an die Kriminalkommissarin Frau Müller-Sieberick. Trage die fehlenden Pronomen ein.**

Von: Jazmin@jazmin.com
An: s.mueller@kommissariat.de
Betreff: Schutz vor Vandalismus

Senden

Sehr geehrte Frau Müller-Sieberick,

wie __________ bestimmt wissen, gab es an unserer Schule einen Vorfall von Vandalismus. Wie __________ bekannt ist, haben die Täter __________ Wut oder Langeweile bei uns abreagiert und unsere schöne Schulwand beschmiert. Wir, die Schüler der 5a, hatten diese Wand vorher bemalt und uns dabei viel Mühe gegeben. Haben __________ unsere Bilder mal gesehen? Da __________ ja von der Polizei sind, haben wir uns gedacht, dass __________ uns vielleicht weiterhelfen können. Haben __________ eine Idee, wie wir unsere Bilder schützen können? Wir möchten __________ gerne zu einem Gespräch einladen und __________ erzählen, was wir uns schon überlegt haben. Hätten __________ Zeit, zu uns zu kommen?

Herzliche Grüße
__________ Jazmin aus der 5a

WEG C **Kinder der 5b haben an ihren Schulleiter geschrieben. Welcher Brief passt am besten? Begründe. Markiere und korrigiere in beiden Briefen die Stellen, die nicht so gut funktionieren.**

A

Lieber Herr Bungert,

Sie müssen uns helfen. Unser Klassenzimmer wird von den großen Schülern zerstört und unordentlich gemacht. Bitte schicken Sie die 6. Klassen in einen anderen Raum. Ich warte auf Ihre Antwort.

Mit freundlichen Grüßen
Alina (5b)

B

Hallo Herr Bungert,

wir, die Schüler der 5b, haben eine Bitte an Sie. Unser Klassenzimmer wird immer wieder von anderen Schülern und Klassen verwüstet. Wir geben uns viel Mühe mit der Dekoration und halten unser Zimmer sauber. Aber in der Mittagspause kommen andere Schüler in unseren Raum und vermüllen ihn und machen unsere Sachen kaputt, weil unser Zimmer dann der Aufenthaltsraum für die 6. Klassen ist. Wir möchten Sie deshalb bitten, einen anderen Raum für die 6. Klassen zu suchen.

Vielen Dank!
Ihr Jonas aus der 5b

Seite 264–266

Sachtexte lesen und verstehen

Arbeitstechnik

V05

Mit dem Leseschlüssel einen Sachtext lesen und verstehen

Um einen Sachtext gut lesen und verstehen zu können, kannst du folgende Technik nutzen.

Vor dem Lesen
- Sieh dir die **Bilder** an.
- Lies die **Überschrift**.
- **Vermute**, worum es in dem Text gehen könnte.

Beim Lesen – erstes Lesen
- **Lies** den Text.
- Verschaffe dir einen ersten **Überblick**.

Beim Lesen – zweites Lesen
- **Lies** den Text genauer.
- **Gliedere** den Text in Sinnabschnitte.
- Erfasse die **wichtigsten Informationen** in jedem Abschnitt.
- Schreibe die **wichtigsten Wörter oder Wortgruppen** aus jedem Abschnitt heraus.
- Kläre **unbekannte Begriffe** mithilfe eines Lexikons oder des Internets.
- Finde zu jedem Abschnitt eine **Überschrift**.

Nach dem Lesen
- **Fasse** den Inhalt **zusammen**.
- **Prüfe**, ob deine Vermutungen zutreffend waren.

○ **1** **Lies die Überschriften und sieh dir das Bild an. Vermute, worum es in dem Text geht.**

A01

Das Königsmanteltier

Ein Tier mit diesem Namen gibt es nicht. Aber die Aussage stimmt: Das Hermelin wurde wegen seines weißen Winterpelzes mit der schwarzen Schwanzspitze früher viel gejagt. Die Pelze durften nur zu Mänteln für Könige verarbeitet werden.

Aussehen

Hermeline sind **Raubtiere** und gehören zur **Familie der Marder**. Sie werden **auch Wiesel genannt** und besitzen – wie alle Marder – einen schlanken, lang gestreckten Körper mit kurzen Beinen. Von der Nasenspitze bis zum Po **messen Weibchen 25 bis 30 cm, Männchen hingegen bis 40 cm**. Hinzu kommt die Länge des Schwanzes von acht bis zwölf Zentimetern. Ein männliches Hermelin wiegt 150 bis 345 Gramm, ein Weibchen nur 110 bis 235 Gramm.

Im Sommer ist das Fell der Hermeline **oben braun** und an den Seiten und **am Bauch gelblich-weiß**. Die Schwanzspitze ist dunkel. **Im Herbst** fallen die braunen Haare aus und dickere, längere **weiße Haare wachsen nach**. Trotz der schwarzen Schwanzspitze ist das Hermelin bei Schnee gut getarnt. In Gebieten mit milden Wintern bleibt das Fell braun.

Heimat

Hermeline leben **in ganz Eurasien** von Nordspanien über Frankreich, England, Skandinavien, Russland und Sibirien **bis** in die Mongolei, **zum Himalaya und zur Pazifikküste**. Auch im **nördlichen Nordamerika** sind sie verbreitet. Im Mittelmeergebiet leben sie jedoch nicht.

Lebensraum

Hermeline kommen **in den verschiedensten Lebensräumen** vor: Sie leben an Feldrainen, Hecken und Waldrändern, in der Tundra ebenso wie in der Steppe und in lichten Wäldern, aber auch im Gebirge bis in 3400 m Höhe oder in Parks. Sogar in der Nähe von Siedlungen sind sie zu finden.

Rassen und Arten

Vom Hermelin gibt es **nur eine Art**. Ihm **ähnlich ist das Mauswiesel**, welches jedoch viel kleiner ist. Seine Körperlänge beträgt nur 18 bis 23 cm. Außerdem ist die Grenze zwischen brauner Oberseite und dem weißen Bauch nicht gerade, sondern gezackt. Es lebt in fast denselben Gebieten wie das Hermelin, kommt aber auch im Mittelmeerraum vor.

Lebenserwartung

Hermeline können bis zu zwölf Jahre alt werden, **meist** leben sie nur **sechs Jahre**.

2 **Lies den Text und verschaffe dir einen ersten Überblick. Was ist das Thema? Wähle aus.**

a Der Vergleich von Hermelin und Mauswiesel
b Das Hermelin, sein Aussehen und Vorkommen
c Wie das Hermelin aussieht und was es frisst

3 **Lies nur die fett gedruckten Wörter im Text. Beantworte danach folgende Fragen schriftlich:**

1. Von welchem Tier handelt der Text? ______
2. Wie groß (lang) werden die Tiere? ______
3. Welche Besonderheiten weist das Fell auf? ______
4. Wo leben die Tiere? ______
5. Wie viele Arten der Tiere gibt es? ______
6. Wie alt werden die meisten Tiere? ______

4 **Lies den Text nun genau und kreuze die richtige Antwort an.**

1. Im Mittelpunkt des Textes steht
- ☐ das Mauswiesel
- ☐ das Hermelin
- ☐ der Steinmarder

2. Wie sieht das Sommerfell aus?
- ☐ ganz weiß
- ☐ ganz braun
- ☐ braune Oberseite mit gelblichweißem Bauch

3. Wie sieht das Winterfell aus?
- ☐ ganz braun
- ☐ braun/weiß
- ☐ ganz weiß mit schwarzer Schwanzspitze

4. Wo lebt das Tier nicht?
- ☐ im Mittelmeergebiet
- ☐ in Sibirien
- ☐ im Gebirge

5. Wie viele Arten gibt es?
- ☐ zwei
- ☐ eine
- ☐ vier

5 **Im Text über das Hermelin stehen einige schwierige Wörter. Versuche zuerst selbst herauszufinden, was sie bedeuten. Du kannst manche Wörter zerlegen. Versuche es an den folgenden Beispielen.**

Königsmanteltier → *enthält die Wörter Königsmantel (König + Mantel) und Tier = ein Tier mit einem Königsmantel*

Winterpelz (Z. 3) → ______

Schwanzspitze (Z. 4) → ______

Raubtiere (Z. 8) → ______

Lebensraum (Z. 33) → ______

Waldränder (Z. 36) → ______

Körperlänge (Z. 47) → ______

Seite 264–266

○ **6** **Wenn du die Bedeutung der Wörter nicht selbst herausfinden kannst, dann schlage sie im Wörterbuch nach oder überprüfe sie im Internet. Gehe so vor:**

1. Bilde die Grundform: getarnt → tarnen (= Infinitiv)
2. Wörterbuch: Sieh unter dem ersten Buchstaben (T) nach, dann unter dem zweiten (A), dann unter dem dritten (R) usw.
   Internet: Gib den Begriff in eine Suchmaschine ein.
3. Schreibe die Bedeutung auf.

die **Tan|nen|na|del** der –, die Tan|nen|na|deln
die **Tan|te** der –, die Tan|ten
die **Tan|ti|e|me** [*franz.;* tantjeme] der –, die Tan|ti|e|men (1. Gewinnbeteiligung; 2. Vergütung für Schriftsteller und Musiker für die Aufführung oder Veröffentlichung ihrer Werke)
der **Tanz** des Tanzes, die Tän|ze
tän|zeln (tänzerische Bewegungen machen), du tänzelst, er hat getänzelt, er
der **Ta|rif** des Tarifs, die Ta|ri|fe (festgelegte Löhne, Preise, Gebühren)
ta|rif|lich
der **Ta|rif|lohn** des Tariflohn(e)s, die Ta|rif|löh|ne (ein von den Gewerkschaften und den Arbeitgebern ausgehandelter Lohn)
der **Ta|rif|ver|trag** des Tarifvertrag(e)s, die Ta|rif|ver|trä|ge
tar|nen du tarnst dich, er hat sich getarnt, sie tarnte ihr Versteck
die **Tar|nung** der –, die Tar|nun|gen
die **Tar|tan|bahn** der –, die Tar|tan|bah|nen (Kunststoffbahn in Sportanlagen)
die **Ta|sche** der –, die Ta|schen

T U V W X Y Z

getarnt (Z. 24) → ______________________________

Eurasien (Z. 27) → ______________________________

Feldrainen (Z. 35) → ______________________________

Tundra (Z. 36) → ______________________________

Lebenserwartung (Z. 55) → ______________________________

◒ **7** **Lies nun den Text auf Seite 22 ein weiteres Mal. Notiere dir die wichtigsten Informationen aus jedem Abschnitt in der Tabelle.**

Abschnitt	Informationen
1. → Aussehen	
2. → Heimat	
3. → Lebensraum	
4. → Rassen und Arten	
5. → Lebenserwartung	

○ **WEG A** **Formuliere fünf Informationen über das Hermelin schriftlich in Sätzen.**

◒ **WEG B** **Schreibe alle Informationen zum Hermelin in einem zusammenhängenden Text. Verwende deine eigenen Worte.**

● **WEG C** **Schreibe eine Zusammenfassung des Textes zum Hermelin auf ein extra Blatt. Mache dir dann hier Notizen zu einem Kurzvortrag. Lege den Aufbau fest.**

Seite 269

Märchen lesen und verstehen

Arbeitstechnik

V06

Merkmale von Märchen

Bei vielen Märchen findet man folgende Merkmale:

- Die meisten Märchen spielen in der **Vergangenheit**.
- **Zeitpunkt** und **Ort** der Handlung sind meist **ungenau**.
- Sie haben meist einen typischen Anfang → „Es war einmal in einem fernen Land …" und einen typischen **Schluss** → „Und wenn sie nicht gestorben sind, dann leben sie noch heute".
- Es treten typische **Märchenfiguren** auf → König / Königin, Prinz / Prinzessin, Müller, Gesinde.
- Die **Hauptfigur** (Mensch oder Tier) muss ein **Abenteuer** bestehen.
- Es kommen gegensätzliche Figuren oder Tiere vor (**gut – böse**).
- Es gibt oft **magische Figuren** oder **Dinge** → Hexen, Zauberer, Gegenstände mit Zauberkräften.
- Besondere **Sprüche** oder **Zahlen** sind häufig wichtig (→ drei Wünsche, „sieben auf einen Streich", zwölf Brüder).
- Meist **siegt** am Ende das **Gute** und das **Böse** wird **bestraft**.

1 Lies das Märchen und beantworte dann die Fragen zum Inhalt auf der nächsten Seite.

A02

Janosch erzählt Grimms Märchen

Der Fundevogel

Eine Frau war im Wald eingeschlafen, da kam ein Bussard von oben und raubte ihr Kind. Er nahm es mit in sein Nest und zog es auf wie seine eigenen Kinder. Er lehrte es fliegen wie ein Bussard. Er lehrte es sehen wie ein Bussard und lehrte es, ein König zu sein wie ein Bussard. Und bald war's so, dass der Junge auch aussah wie ein Bussard. Freilich konnte er nicht ganz so gut fliegen wie sein Vater. Konnte auch nicht ganz so gut sehen wie sein Vater, und so geschah es einmal, dass ein Förster, der im Wald auf der Jagd war, ihn fing. Er nahm ihn mit nach Haus, und weil er aussah wie ein Vogel und der Förster ihn ja gefunden hatte, nannte er ihn den „Fundevogel".

Der Förster aber hatte eine Tochter. Die beiden wuchsen zusammen auf, wurden zusammen größer, und bald konnte einer ohne den anderen nicht mehr leben. Das Mädchen teilte sein Essen mit dem Fundevogel und lehrte ihn sprechen: „Verlässt du mich nicht, verlass ich dich auch nicht." „Verlässt du mich nicht, verlass ich dich auch nicht", sagte der Fundevogel.

Nun zeigte sich bald, dass der Fundevogel unter den Federn ein schöner Junge war. Aber weil die Mutter des Mädchens es nicht wissen durfte, sprachen sie nur miteinander, wenn niemand es hörte.

„Verlässt du mich nicht, verlass ich dich auch nicht!"

„Verlässt du mich nicht, verlass ich dich auch nicht!"

Die Mutter des Mädchens konnte den Fundevogel nämlich nicht leiden. Jeden Tag gab sie ihm etwas weniger zu fressen und schimpfte, wenn sie sah, dass ihre Tochter ihr Essen mit dem Vogel teilte. Und wenn es niemand sah, haute die Mutter dem Fundevogel eins von hinten an den Kopf. Darüber ärgerte sich der Fundevogel, und heimlich, wenn niemand es sah, lehrte er das schöne Mädchen fliegen. Freilich lernte sie es nie so gut, wie ihr Fundevogel es konnte, aber von Tag zu Tag ging's etwas besser. Es verging die Zeit. Das Mädchen wurde immer schöner, und der Fundevogel wurde immer stärker.

„Verlässt du mich nicht, verlass ich dich auch nicht", sagte das Mädchen.

Und der Fundevogel sagte: „Verlässt du mich nicht, verlass ich dich auch nicht."

Und dann eines Tages, in aller Frühe, flogen der Fundevogel und das Mädchen davon, bauten sich ein Nest auf einem hohen Baum und lebten dort glücklich wie im Paradies.

Welche magischen Figuren kommen vor?

Sind die Figuren gegensätzlich?

Wie endet das Märchen?

Welcher besondere Spruch wird verwendet?

○ **2 Ordne die Bilder in der Reihenfolge des Märcheninhalts. Nummeriere sie dazu.**

○ **3 Markiere nun im Text auf Seite 26 alle Handlungsorte. Notiere in Stichworten, was dort geschieht.**

Wald:

◒ **WEG A Schreibe die Geschichte vom Fundevogel als Ich-Erzählung aus der Sicht des Mädchens. Achte darauf, dass du die Abfolge der Orte einhältst.**

Eines Tages brachte mein Vater, der Förster, einen Jungen …

Wir verstanden uns …

Seite 269

Bald versprachen wir uns: „...

Meine Mutter aber...

Das war mir egal. Ich ...

Es reichte. Eines Morgens sehr zeitig ...

Wir bauten uns irgendwo ...

WEG B **Schreibe die Geschichte aus der Perspektive des Fundevogels.**

WEG C **Lies den folgenden Anfang eines türkischen Märchens. Überlege dir, wie die Geschichte weitergehen könnte. Schreibe sie spannend bis zum Schluss. Gestalte alles im Märchenstil, Zauberei ist erlaubt! Verwende ein extra Blatt.**

Das Töpfchen

Es war einmal, und es war auch nicht. In früheren Zeiten lebte eine arme Frau mit ihrer Tochter. Die Mutter strickte Tag für Tag Socken, das Mädchen aber verkaufte diese auf dem Basar. So verdienten sie, was sie brauchten. Eines Tages hatte die Mutter wieder gestrickt und die Socken dem Mädchen gegeben, damit hoffentlich alle auf dem Markt ihre Kunden finden. Vom Geld aber kaufte das Kind diesmal statt Brot einen kleinen Topf, der ihm angeboten wurde. Der Tochter gefiel er so sehr! Sie gab all die Münzen hin und bekam das Töpfchen.

Als sie nach Hause kam, war gar kein Essen mehr da, und in der Hand hatte sie nur das leere Töpfchen. Die Mutter wurde traurig, ja wütend und laut. Sie warf den Topf schließlich einfach auf die Straße. Am Abend legten sich beide hungrig schlafen ...

Jugendbuchausschnitte lesen und verstehen

Arbeitstechnik

103

Sich schnell über den Inhalt eines Buches informieren

1. Lies den **Titel** des Buches.
2. Sieh dir das **Cover** genau an (→ Farben, Bilder, Text).
3. Lies den **Klappentext**.
4. Schlage das Buch auf und lies ein **kurzes Stück**.
5. Stelle **Vermutungen** darüber an, wovon die Geschichte handeln könnte.

1 **Überlege, was dir wichtig ist, wenn du ein Buch auswählst. Ordne zu.**

Titel | Klappentext | Buchcover | Seitenzahl | Bilder im Buch | in das Buch „hineinlesen" | Thema | Meinung anderer

für mich wichtig: ______________________________

nicht so wichtig: ______________________________

____

2 **Wähle ein Buch aus, das du gelesen hast. Erzähle kurz, wovon es handelt. Schreibe, was dir gefallen hat. Empfiehlst du es weiter?**

____

____

____

____

____

3 **Lies das folgende Gespräch und den Klappentext des Buches auf Seite 30. Beantworte dort die Fragen.**

Ben: Mensch, Lena! Was hast du denn heute für eine miese Laune?
Jenny: Erzähl, was ist passiert?
Lena: Ach, lasst mich doch alle in Ruhe!
Ben: Wir haben doch gar nichts gemacht. Man wird ja nochmal fragen dürfen?!
Lena: Hm, ja, Entschuldigung. Das Wochenende war schrecklich. Meine Familie nervt total. Nirgends habe ich mal meine Ruhe, nicht mal auf dem Klo!
Jenny: Dann ist es bei dir ja fast wie in dem Buch, das ich gerade gelesen habe.
Ben: Was denn für ein Buch?
Jenny: Es geht um ein Mädchen, Leonie. Sie ist gerade mit ihren Eltern, vier Brüdern und der kleinen Schwester in ein kleines Haus gezogen. Es ist immer laut und nirgends hat sie ihre Ruhe. Deshalb sucht sie sich ein Versteck am Bach, wo sie Max trifft.
Lena: Und weiter?
Jenny: Max ist Einzelkind und wird von seinen Eltern kaum beachtet. Ihm ist oft langweilig und er findet Leonies Familie cool. Die beiden schmieden einen verrückten Plan. Aber mehr verrate ich nicht, das müsst ihr schon selber lesen.

Seite 270

Klappentext

Was passiert eigentlich, wenn zwei Kinder beschließen, die Familien zu tauschen? Geht doch gar nicht? Und ob das geht! Max und Leonie haben es ausprobiert. Jetzt hat Max endlich jede Menge Brüder zum Rumtoben und Leonie hat endlich Zeit, um in Ruhe jede Menge Bücher zu lesen. Das ist der Plan! Ganz klar, dass bei dieser Geheimaktion nicht alles so funktioniert wie vorgesehen.

Was ist mit Lena los? ______________________

____

____

Was sagt Jenny über das Buch? ______________________

____

____

____

____

Welchen Plan haben Max und Leonie im Buch? ______________________

____

____

4 Lies den folgenden Textausschnitt aus dem Buch „Gefährliche Kaninchen“ von Kirsten John.

A03

Leonie in Max’ Familie zu schmuggeln, ist leicht. Zunächst einmal stellt Max seine Freundin den Eltern vor mit den Worten: „Das ist Leonie und sie liest gern.“ Max’ Mutter sieht von ihrem Buch auf und ist erfreut. Max’ Vater sieht auch von seinem Buch hoch und sagt auch, dass es ihn freut. Dann gehen Max und Leonie hoch in Max’ Zimmer, um die Bücher anzuschauen, die sie allesamt lesen kann.

Leonie staunt über das Haus. Und über die Treppen mit ihrem geschnitzten Geländer, auf dem man sicher gut rutschen kann. An den Wänden hängen Diplome und andere wichtig aussehende Schriftstücke, dazwischen, ganz bunt und verloren, eine Kinderzeichnung von Max. Oben gibt es ein Badezimmer für Max ganz alleine, weil im Schlafzimmer seiner Eltern auch noch eins ist. Sein Zimmer ist riesig und von dem Bücherregal muss sich Leonie erst einmal erholen.

„Mann“, sagt sie. „Du hast mehr Bücher als die in der Bibliothek.“

Es ist Max ein bisschen peinlich und er hätte ihr gern erklärt, dass er sie gar nicht alle gelesen hat, aber er weiß nicht, wie. „Die sehen noch so neu aus.“ Leonie zieht andächtig eins heraus und liest den Rücken, dann stellt sie das Buch zurück. „Ihr seid wohl sehr reich“, sagt sie und dreht sich zu Max um. „Nein, das Haus ist geerbt“, erwidert der. „Kannst du alle lesen, aber du musst es öffentlich tun, damit sie sich gewöhnen.“

„Sie“ sind seine Eltern und Max und Leonie befinden sich in „Phase eins“, der Eingewöhnungsphase. Tatsächlich gucken seine Eltern erstaunt, als die beiden kurze Zeit später wieder herunterkommen, sich zu ihnen ins Wohnzimmer setzen und beide ein Buch aufschlagen.

Max’ Mutter kräuselt die Stirn. „Was soll das denn, Max?“

„Was genau?“ Max blickt von seinem Buch hoch und tut ganz unschuldig. „Was macht ihr beiden hier?“ „Wir lesen.“ „Das sehe ich auch. Wollt ihr nicht lieber etwas spielen? Mensch-ärgere-dich-nicht oder so? Was man zusammen halt so macht?“ „Wir lesen zusammen. Das geht nämlich“, sagt Max und beugt sich wieder über sein Buch. In Phase eins, die ganze drei Tage dauert, liest er so viel wie sein ganzes Leben zuvor nicht. Phase eins in Leonies Familie verläuft ganz an-

ders. Schon bei der Vorstellung geht alles drunter und drüber. „Das ist, nun bleib doch mal stehen, das ist meine kleine Schwester Larissa. Wir nennen sie aber nur Issa, weil sie darauf besteht. Sie kann schon sprechen. Und beißen übrigens auch. Das dahinten ist Lukas, nein Lars, nein, doch Lukas. Das sind die Zwillinge. So furchtbar ähnlich sehen sie sich gar nicht, nur von Weitem, hör auf, nach mir zu werfen. Lars, das stimmt! Das hier ist mein echter Bruder Tristan, schon gut, du bist auch echt, Lars, hör jetzt auf ! Ich sag's Mama! Und dann hätten wir da noch Georg, der ist wahrscheinlich oben, der ist schon fünfzehn und der Älteste. Und meine Mutter hast du ja gerade kennengelernt." Sie seufzt.

Max sieht an sich herunter. Leonies Mutter hat ihnen mit der Wasserpistole aufgelauert und jetzt ist sein T-Shirt vorne klitschnass. Ein Versehen, hat sie sich entschuldigt, und Max hat sich gefragt, worin das Versehen genau bestand: Ihn nass gespritzt zu haben? Überhaupt jemanden oder den Falschen erwischt zu haben? Auf jeden Fall findet er es klasse: Er hat noch nie eine mit einer Wasserpistole bewaffnete Mutter getroffen! Überhaupt sieht Leonies Mutter einfach ... einfach cool aus, es gibt gar kein anderes Wort dafür.

Sie hat rote, stoppelige Haare und dieselben Sommersprossen wie ihre Tochter und sie lacht ständig. Auch wenn etwas schiefgeht. Wenn Larissa, die nur Issa genannt werden will, ihr ein Toastbrot an den Kopf wirft oder so.

Lukas und Lars sehen sich sehr ähnlich, auch aus der Nähe, findet Max, und sie sind total nett und zeigen ihm sofort ihre sämtlichen Nintendospiele. Tristan hat sogar eine PSP und Grand Theft, von dem seine Mutter anscheinend nicht weiß, dass das Spiel erst ab achtzehn ist. Georg ist der Coolste von allen. Er ist ein „Emo", das heißt, er zieht sich schwarz an und hört komische Musik, ansonsten ist er genauso aufgekratzt wie der Rest der Familie. Der Rest bis auf Leonie.

Sie steht inmitten dieser absolut tollen Familie und sieht aus wie erfroren. Und die Mitglieder ihrer Familie verhalten sich, als wollten sie sie eigenhändig auftauen. Zumindest fassen sie sie ständig an. Knuffen, schubsen oder tätscheln sie, sie wird geküsst und geherzt, gestupst und gestreichelt, beworfen und ausgekitzelt. Und Max gleich mit. (...) Manchmal hat er das Gefühl, mitten in einem großen Knäuel Menschenhände zu stecken, und er findet das Gefühl toll.

„Vielleicht sind wir bei der Geburt vertauscht worden und haben erst jetzt unsere richtige Familie gefunden", sagt er ein wenig atemlos, als er sich an der Tür von Leonie verabschiedet.

„Ja, vielleicht", antwortet sie und verzieht hilflos das Gesicht.

○ **5 Beantworte folgende Fragen in Stichpunkten.**

Wann und wo handelt der Ausschnitt? ______________________________

Wer spielt mit? Wer ist verwandt? ______________________________

____

____

Seite 270

○ **6** **Beantworte die folgenden Fragen in Stichworten.**

Was findet Max an Leonies Familie toll?

Was ist der Unterschied zwischen beiden Familien?

○ **WEG A** **Findest du die Geschichte „Gefährliche Kaninchen" interessant? Würdest du sie gern weiterlesen? Oder nicht? Begründe deine Meinung in zwei bis drei Sätzen. Welche Figuren gefallen dir besonders gut?**

WEG B **Schreibe eine Inhaltsangabe zum Ausschnitt aus „Gefährliche Kaninchen“. Ergänze diese durch deine eigene Meinung über diesen Text. Begründe deine Position.**

WEG C **Schreibe eine Buchrezension zu „Gefährliche Kaninchen“. Nutze dafür den Klappentext und den Textauszug. Vergiss nicht den Titel und die Autorin zu nennen. Beschreibe den Inhalt und notiere deine eigene Meinung. Begründe diese.**

Seite 271

Gedichte lesen und verstehen

Merke

Inhalt von Gedichten

Gedichte beschreiben meist **Stimmungen, Gefühle, Eindrücke**. Unsere Sinne werden angesprochen (sehen, hören, riechen…). Sie schenken uns Bilder, eine Überraschung oder einen Spaß.

Form von Gedichten

Gedichte sind besondere Texte. Sie spielen mit der Sprache. In oft wenigen Zeilen wird viel ausgedrückt. Sie wirken durch ihren **Klang** und ihren **Rhythmus**, ähnlich wie Musik. Oft helfen dabei **Verse, Strophen oder Reime**.
Ein **sprachliches Bild** oder ein neu erfundenes Wort sind wie ein Geheimnis, das wir entschlüsseln können.

1 **Lies das folgende Gedicht.**

A04

Erwin Moser

Gewitter

Der Himmel ist blau
Der Himmel wird grau
Wind fegt herbei
Vogelgeschrei
Wolken fast schwarz
Lauf, weiße Katz!
Blitz durch die Stille
Donnergebrülle
Zwei Tropfen im Staub
Dann Prasseln auf Laub
Regenwand
Verschwommenes Land
Blitze tollen
Donner rollen
Es plitschert und platscht
Es trommelt und klatscht
Es rauscht und klopft
Es braust und tropft
Eine Stunde lang
Herrlich bang
Dann Donner schon fern
Kaum noch zu hör'n
Regen ganz fein
Luft frisch und rein
Himmel noch grau
Himmel bald blau!

2 **Was geschieht in dem Gedicht. Fasse es in zwei oder drei Sätzen zusammen.**

○ **WEG A** **Wie viele Strophen hat das Gedicht? ☐ Wovon handelt es? ______**
Wie viele Reime gibt es darin? ☐ Verbinde die Reimwörter mit Linien.
Welches Wortpaar ist dein Lieblingsreim? Schreibe es auf. ______

◒ **WEG B** **Was passiert im Gedicht „Gewitter"? Welche Gefühle oder Eindrücke erfährst du? Ergänze die Tabelle in Stichwörtern.**

	Was passiert?	**Stimmung, Eindruck**
Zeile 1		
Zeile 2 bis 6	*Gewitter nähert sich schnell*	*bedrohlich, Spannung steigt*
Zeile 7 bis 20		
Zeile 21 bis 25		
Zeile 26		

● **WEG C** **Erkläre sprachliche Bilder aus dem Gedicht. Was ist gemeint? Schreibe jeweils einen Satz.**

Donnergebrülle

______

______

Regenwand

______

______

Blitze tollen

______

______

Herrlich bang

Das Gewitter ist aufregend und gefährlich, aber trotzdem toll.

______

______

WEG A / WEG B / WEG C **Lies das Gedicht für dich selbst laut und ausdrucksvoll vor. Genieße das Gewitter.**

Seite 285–287

Nomen und Artikel

! Merke

Wortarten

Nomen heißen auch Namenswörter, Dingwörter oder **Substantive**. Sie bezeichnen Lebewesen, Dinge, Gedanken und Gefühle. Beispiele:
Ahmad, Lehrerin, Haus, Pausenklingel, Obst, Angst, Idee, Durcheinander, Frieden
Pronomen ersetzen oder begleiten Nomen, als Personalpronomen (→ ich, es, wir, mir, ihm, uns…) oder Possessivpronomen (→ mein, sein, unser, meinen, seinem, unseres…)
Personalpronomen werden dekliniert (Kasus) wie die Nomen, vermeiden die Wiederholung der Nomen, kürzen auch den Satz ab.

Possessivpronomen zeigen Besitz an. **Was gehört wem**? Was gehört zusammen? (→ seine Freundin, ihre Kaninchen, unserer Meinung nach…) Sie werden auch dekliniert, als Variante des Artikels.
Verben sind besonders wichtig im Satz. Sie beschreiben oft Aktionen. Sie werden meist **konjugiert** und brauchen die richtige Zeitform, wie Präsens, Perfekt oder Präteritum.
Adjektive beschreiben Merkmale von Dingen oder Lebewesen. **Wie ist etwas oder jemand**? Vor einem Nomen müssen wir sie auch deklinieren. Meistens können wir sie steigern.

○ **1 UNSER HAUS – Ergänze noch sechs weitere Wörter zum Thema.**

wohnen, Straße, klein, groß, schön, hoch, weit, Stockwerk, Park, Schwester, Haus, Hof, treffen, helfen, schlafen, Familie, winzig, Vater, neu, alt, spielen, aufräumen, riesig, Tür, Fenster

○ **2 Weißt du noch? Die meisten deutschen Wörter sind Nomen (Substantive), Verben oder Adjektive. Ergänze jetzt die Tabelle mit den Nomen, Verben und Adjektiven aus Aufgabe 1. Schreibe die Nomen mit dem bestimmten Artikel auf.**

Nomen	Verben	Adjektive
die Straße	*wohnen*	*klein*

! Merke

Nomen

- Mit Nomen werden **Lebewesen** (→ Menschen, Tiere, Pflanzen), **Dinge** (→ Stift), **Gedanken**, **Gefühle** und **Zustände** (→ Freiheit) bezeichnet.
- Sie können im Text einen **Begleiter** haben, den bestimmten (→ der, die, das) oder unbestimmten (→ ein, eine) Artikel.
- Nomen schreibt man immer **groß**.

○ **3 In diesen Sätzen fehlen einige Nomen. Denke sie dir aus und ergänze.**

Ich habe keine Uhr.

Auf dem Handy sehe ich aber die ____________________.

Die ____________________ wurde in den Ferien renoviert.

Das ____________________ gefällt mir am besten.

Heute Nachmittag pflanzen wir noch die ____________________

In der ____________________ muss ich unbedingt mit Friederike sprechen.

○ **4 Markiere in Aufgabe 3 die Begleiter der Nomen.**

○ **5 Lies den Text und markiere darin die Nomen und ihre Artikel**

Milo und der Weckerhund

Milo ist ein Junge, der sich langweilt. Eines Tages findet er ein Paket mit einer Landkarte. Mithilfe dieser Landkarte gelangt Milo in eine fantastische Welt. Auf seiner Reise begleitet ihn der Weckerhund Tock. Zusammen erreichen sie die Wörterstadt.

Überall hört man die Rufe der Händler, die ihre Waren anpreisen. Milo und Tock wandern zwischen den Buden umher und bestaunen die große Auswahl von Wörtern. Da bieten Verkäufer Wörter für den täglichen Gebrauch und für besondere Gelegenheiten an. Auch die feierlichen Wörter fehlen nicht, die bei Staatsanlässen benutzt werden. Die Stimme eines Mannes dröhnt laut. Er bietet Luxuswörter von erster Qualität an. Ein anderer verkauft gleich ganze Tüten voll mit den unterschiedlichsten Wörtern.

○ **6 Ordne die Nomen aus Aufgabe 5 zu.**

Singular: Milo, Weckerhund, ...

Plural: Händler, ...

Seite 284

Merke

Nomen: Genus, Numerus und Kasus

Nomen können in verschiedenen Formen auftreten. Man unterscheidet:

- das **Genus** (das grammatische Geschlecht)
  Nomen sind männlich (maskulin), weiblich (feminin) oder sächlich (neutral). Man erkennt das Geschlecht am Artikel. → der Wind (m), die Sonne (w), das Land (s)
- der **Numerus** (die Zahl)
  Nomen stehen im Singular (Einzahl) oder im Plural (Mehrzahl) → das Pferd – die Pferde
- der **Kasus** (der Fall)
  Nomen stehen im Satz in einem bestimmten Fall. Den Fall kann man erfragen:
  - **Nominativ** (1. Fall): Wer oder was? → Der Wind weht stark? → Wer oder was weht stark?
  - **Dativ** (3. Fall): Wem? → Ich helfe dem Freund. → Wem helfe ich?
  - **Akkusativ** (4. Fall): Wen oder was? → Er sieht den Himmel. → Wen oder was sieht er?

○ **7** **Trenne die folgenden Nomen durch Striche ab. Ordne sie ihrem Geschlecht zu und schreibe sie mit dem bestimmten Artikel auf.**

BESTECKKLIMAKEKSDIREKTORFANTASIEMONATBRÖTCHENHAKENNOTEMASCHINE
LEBKUCHENLATERNEBETTBRETTKLETTEKÄSEBESENBALKONFIGURKÄLBCHEN

weiblich: ____

____

sächlich: ____

____

männlich: ____

____

○ **8** **Herbstwetter mag nicht jeder. Setze die Nomen in Klammern in den Fall, der jeweils dahinter steht. Schreibe auch den richtigen Artikel dazu.**

Das Wetter könnte besser sein. (Wetter / Nominativ)

Die Tage *im* ____________________ sind kalt. (November / Dativ)

Die Temperatur wird von ____________________ angezeigt. (Thermometer / Dativ)

Das Wasser haben wir __________ ausgiebigen ____________________ zu verdanken. (Schauer / Dativ)

Ich habe __________ kleinen ____________________ gern. (Schauer / Akkusativ)

____________________ wird von ____________________ getragen. (Blatt / Nominativ, Wind / Dativ)

Wir brauchen ____________________ zum Drachensteigen. (Wind / Akkusativ)

Der Winter bringt ____________________ und ____________________. (Frost und Kälte / Akkusativ)

○ **9** Alle kennen das Sams. Alle wissen, wie es aussieht. Als es aber zu oft allein war, rief es sich mithilfe der Wunschpunkte einen Freund herbei. Es nannte ihn – das Soms. Schreibe auf, wie dieser Freund Soms aussieht und welche Kleidung er trägt. Ergänze die Artikel und bilde zusammengesetzte Nomen.

das Aussehen des Soms

der	Sommer	die	Sprossen	→	die Sommersprossen
____	Knopf	____	Augen	→	____ Knopfaugen
____	Haken	____	Nase	→	____
____	Locke	____	Mähne	→	____
____	Hase	____	Zähne	→	____
____	Kugel	____	Bauch	→	____

die Kleidung des Soms

____	Wolle	____	Hose	→	____
____	Hose	____	Träger	→	____
____	Rollkragen	____	Pullover	→	____
____	Pudel	____	Mütze	→	____
____	Regen	____	Mantel	→	____
____	Seide	____	Schal	→	____

◒ **10** Beschreibe nun das Soms in Sätzen. Achte auf Artikel und Genus sowie Adjektive vor den Nomen. Male ein Bild vom Soms.

Seite 285

Adjektive

Merke

V07
V08

Adjektive

Adjektive bezeichnen **Eigenschaften** und **Merkmale** von Lebewesen, Dingen, Vorgängen und Tätigkeiten. Im Satz sind sie häufig die **Begleiter von Nomen**.
→ die bekannte Marke, die kurzen Ski, die einfache Bindung

Die meisten Adjektive kann man steigern:

Grundstufe (Positiv)	1. Vergleichsstufe (Komparativ)	2. Vergleichsstufe (Superlativ)
Diese Marke ist bekannt.	Diese Marke ist bekannter.	Diese Marke ist am bekanntesten.

Arbeitstechnik

Tests zum Erkennen von Adjektiven

1. Kombiniere das Wort mit **sein**. → Der Ball ist gelb.
2. **Steigere** das Wort. → klein → kleiner → am kleinsten
3. Setze das Wort **zwischen** einen **Artikel** und ein **Nomen**. Dabei musst du eine Endung anfügen. → klein + der Ball → der kleine Ball, ein kleiner Ball

1 **Markiere im Text weitere 15 Adjektive.**

Sascha spielt gern gegen mehrere gleichaltrige Spieler. Dann geht er von einem Brett zum andern. Er wirft einen genauen Blick auf die 64 Felder mit den weißen und schwarzen Figuren, überlegt und zieht oder schlägt. Mit den vielen Besonderheiten der Figuren kennt er sich aus und kann so rechtzeitig den richtigen Zug ausführen. Bei Zeitüberschreitung verliert man nämlich die gesamte Partie und nicht nur, wenn der eigene König matt gesetzt wird. Am besten gefällt es Sascha, wenn er gleichstarke Gegner besiegt. Beim letzten Turnier gingen vier Spiele „unentschieden" aus. Ein Spiel musste er aufgeben, weil sein König in einer aussichtslosen Stellung war. Kürzlich hat man bei wissenschaftlichen Untersuchungen herausgefunden, dass man für diese Sportart kein großes Mathe-Ass sein muss. Sascha weiß, dass er nur durch fleißiges Üben stärker wird. Besondere Freude bereitet es ihm, wenn er jemanden für sein spannendes Lieblingsspiel begeistern kann.

Hast du das Spiel erkannt? Schreibe den Namen auf. ____________________

2 **Setze die passenden Adjektive in den Text ein.**

leichten | ruhiger | ~~großen~~ | geringeltem | bunten | wichtigste | leeren

Hannah spielt gerne mit ihrer *großen* Schwester. Sie setzen sich an den ______ Tisch.

Dann nimmt Hannah die ______ Holzstäbe zusammen und lässt sie auf den Tisch fallen.

Die Stäbe müssen nun mit ______ Hand nacheinander aufgenommen werden.

Die anderen Stäbe dürfen sich nicht bewegen.

Es gibt verschiedene Möglichkeiten, die ______ Hölzer aufzuheben. Konzentriert überlegt Hannah, ob sie den unteren Stab herauszieht oder den oberen vorsichtig aufstellt.

Der ______ Stab ist aus ______ Holz.

Hast du das Spiel erkannt? Schreibe den Namen auf. ______

3 **Setze die Wörter in Klammern in der richtigen Form ein. Kennst du die Sportarten? Schreibe die Bezeichnungen als Überschrift auf.**

a ______

Anja spielt auf einer *rechteckigen* Fläche (rechteckig) mit einer Bande rundherum. In ihrer Mannschaft sind gleichzeitig sechs Spielerinnen auf dem ______ Eis (blank). Alle müssen ______ Schlittschuhläuferinnen (gut) sein. Den ______ Schläger (hölzern) führt jede mit ihrer ______ Hand (geschickt) am ______ Ende (oberes). Zum Schutz vor ______ Verletzungen (schwer) im Gesicht tragen alle ______ Plexiglasmasken (stabil). Das Ziel des ______ Spiels (schnell) besteht darin, die ______ Scheibe (klein) möglichst oft ins ______ Tor (gegnerisch) zu schießen.

b ______

Nancy spielt auf einer 40 Meter langen Eisbahn. Mit ihr versuchen noch drei weitere Spielerinnen, ihre ______ Steine (20 kg schwer) im „House“, dem ______ Zielfeld (kreisförmig), möglichst nahe dem Zentrum unterzubringen. Es ist ein ______ Spiel (interessant), weil in ______ Durchgang (jeder) im Wechsel mit dem ______ Team (gegnerisch) jede Spielerin zweimal spielt. Dabei dürfen auch die Steine des Gegners hinausgestoßen werden. Die Spielerinnen geben ihrem Stein in einem ______ Ausfallschritt (tief) einen ______ Schubs (leicht). Seinen Weg kann man durch ______ Wischen (kräftig) mit einem ______ Besen (speziell) verlängern.

Seite 285

○ **4** Schreibe die Adjektive aus dem Text 3a auf Seite 41 in die Tabelle und steigere sie. Prüfe, welche Adjektive sich nicht steigern lassen.

Grundstufe (Positiv)	1. Vergleichsstufe (Komparativ)	2. Vergleichsstufe (Superlativ)
rechteckig	*–*	*–*
blank	*blanker*	*am blankesten*

○ **5** Verbinde die folgenden Adjektive und Nomen zu Wortgruppen. Schreibe dann vollständige Sätze damit auf.

grün	hoch	Kufen	Sprungschanze
steil	scharf	Ruderboot	Schwimmbad
warm	schnell	Skimütze	Sprungturm
neu	golden	Medaille	Trikot

Leider habe ich meine warme Skimütze vergessen.

Pronomen

Merke

V09 V10

Personalpronomen

Personalpronomen stehen im Text **stellvertretend** für **Nomen**.

Singular		Plural	
1. Person	ich	1. Person	wir
2. Person	du	2. Person	ihr
3. Person	er/sie/es	3. Person	sie

Anredepronomen in der Höflichkeitsform (→ Sie, Ihnen…) schreibt man **groß**.

1 Versuche, den Brief der Schülervertretung an den Direktor der Schule zu verstehen, obwohl einige Wörter fehlen.

Sehr geehrter Herr Ulrich,

wie __________ bekannt ist, sind die Toiletten an __________ Schule ein großes Problem. Täglich können __________ ja selbst sehen, wie die Wände bekritzelt und die Rollen in den Abfluss geworfen werden. Neulich wurden Toiletten aus __________ Verankerungen gerissen.

Trotzdem sind wir gegen __________ Absicht, bestimmte Toilettenbereiche vollständig zu schließen. Die 8. Klassen haben mit __________ Vorschlägen, wie z. B. Eigenreinigung, Verleihung der „Goldenen Klobürste", Zeichen gesetzt. Wir, die drei 5. Klassen, haben überlegt, wie wir das Toilettenproblem an __________ Schule lösen können. Wir bitten um einen Termin, um __________ __________ Vorschläge zu erklären.

Für die Schülervertretung

mit freundlichen Grüßen

…

ihren
ihren
Ihre
Ihnen
Sie
unserer
unserer
Ihnen
unsere

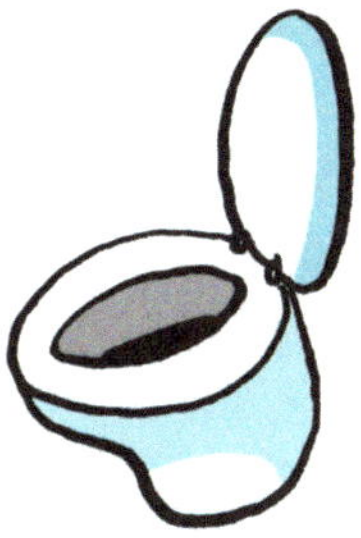

2 Gib kurz mit eigenen Worten wieder, was die Schülervertretung geschrieben hat.

____

____

____

3 Ergänze jetzt oben im Brief die fehlenden Pronomen.

Seite 285

4 Lies den Brief von Pia. Fasse mit eigenen Worten kurz zusammen, was sie schreibt.

____

____

____

Liebe Carina, lieber Janus,

viele liebe Grüße aus dem Urlaub sendet ________ Pia. Wir haben so ein Glück mit dem Wetter, es sind jeden Tag 30 Grad. Wie ist es denn bei ________? Ich hoffe, nicht so warm. Bello kann solche Hitze nicht ausstehen. Wie geht es ________ überhaupt? Verträgt ________ sich mit ________ Kater? Oh, entschuldigt, jetzt habe ich nicht mal gefragt, wie es ________ geht. Ich hoffe, ________ genießt die Ferien genauso wie ich. Ich freue mich, ________ bald wiederzusehen! Lasst es ________ gut gehen. Grüßt Bello und knuddelt ________ von ________.

Liebe Grüße

Pia

5 Ergänze im Brief oben die fehlenden Pronomen.

er | ihn | ihm | euch | euch | euch | ihr | mir | euch | euch | eurem

6 Schreibe einen kurzen Brief an eine Lehrerin oder einen Freund. Lade sie ein oder teile ihnen etwas Wichtiges mit. Achte auf die Schreibung der Anredepronomen. Verwende ein extra Blatt.

! Merke

Possessivpronomen sind wie Artikel **Begleiter** von **Nomen**. Sie zeigen den **Besitz** und die **Zugehörigkeit** von etwas an.

Singular: mein, dein, sein/ihr/sein
Plural: unser, euer, ihr

7 **Pia hat ihrer Oma eine E-Mail geschrieben. Sie enthält viele Wiederholungen. Ersetze die unterstrichenen Wörter durch die passenden Personalpronomen.**

Von: pia@mail.de
An: oma-schulz@mail.de
Betreff: Wieder da!
Senden

Liebe Oma,

wir sind gestern aus dem Urlaub zurückgekommen. ~~Der Urlaub~~ *Er* war super! Es war sehr warm, deshalb waren wir oft baden. Der Strand war sehr schön, aber der Strand war auch sehr voll. Ich war immer vor Maria dort und habe Maria einen Platz freigehalten. Bello musste ich zu Hause lassen, Janus hat Bello aber gefüttert. Wie geht es Opa? Grüß Opa bitte von mir.

Alles Liebe, deine Pia

8 **Schreibe die Personalpronomen aus Aufgabe 7 in die richtige Zeile und ergänze die Tabelle.**

	Singular			Plural
	1. Person	2. Person	3. Person	1. Person
Wer? Was?	*ich*	*du*	______	______
Wem?	______	*dir*	______	*uns*
Wen? Was?	______	______	______	______

9 **Alina hat eine E-Mail von Tom erhalten. Tom ist Brite, er lernt seit drei Jahren Deutsch. Heute antwortet sie ihm. Ergänze die Possessivpronomen.**

deine | Unsere | Meine | eurer | ~~Mein~~ | unserer | ihren

Meine | meine | Deine | deine | Ihr | deine

Von:
An: tom@web.de
Betreff: Antwort
Senden

Hallo Tom!

Mein Name ist Alina. Herzlichen Dank für d______ E-Mail. Ich schreibe dir, weil m______ Hobbys dieselben sind wie d______. Ich spiele in der Mannschaft uns______ Klasse Fußball. Spielen in eu______ Schulmannschaft eigentlich auch Mädchen? Un______ Familie ist fußballverrückt. M______ Eltern schauen sich alle Spiele der Bundesliga an. M______ Schwester besucht erst die 3. Klasse. I______ Hobby wird wahrscheinlich auch der Fußball werden. Mit i______ Freundinnen kickt sie sehr gerne. Lieber Tom, ich bin auf d______ Antwort gespannt. D______ Alina

Seite 286

Präpositionen

Merke

Präpositionen

Wörter wie **an**, **auf**, **aus**, **bei**, **durch**, **gegen**, **hinter**, **vor**, **in**, **nach**, **über**, **zu**, **zwischen** sind Präpositionen (Verhältniswörter).

Sie können angeben:
einen **Ort** → am Bahnhof (Wo? Wohin? Woher?)
eine **Zeit** → gegen Abend (Wann?)
einen **Grund** → wegen der Verspätung (Warum? Weshalb?)
die **Art und Weise** → mit dem Bus (Wie? Auf welche Weise?)

Präpositionen verlangen einen bestimmten **Fall** (Kasus):
- Auf die Frage **Wo?** folgt diesen Wörtern der **Dativ**.
- Auf die Frage **Wohin?** folgt diesen Wörtern der **Akkusativ**.

Manchmal verschmelzen **Präpositionen** mit dem **Artikel**:
an + dem → am; in + das → ins; zu + dem → zum; von + dem → vom

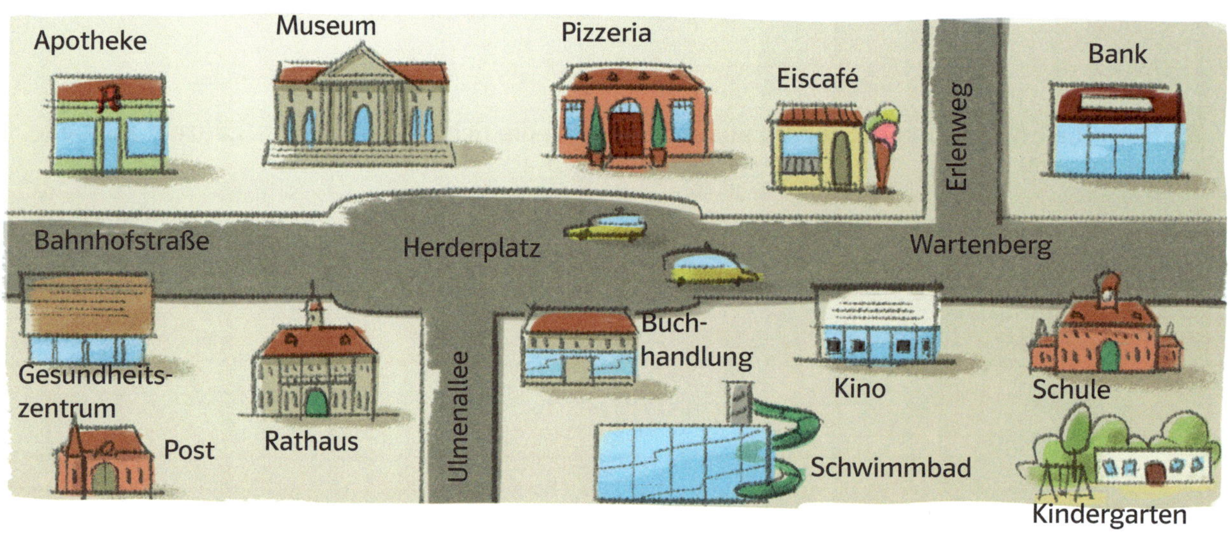

1 **Wo befindet sich ...? Sieh dir die Abbildung an und vervollständige die Sätze. Verwende die folgenden Präpositionen.**

zwischen | in | an | hinter | neben | vor | gegenüber | auf | zu | an | neben

1. Das Museum befindet sich *in der Bahnhofstraße zwischen der Apotheke und der Pizzeria.*
2. Das Gesundheitszentrum befindet sich ____________________
3. Die Buchhandlung befindet sich ____________________
4. Die Post befindet sich ____________________
5. Das Kino befindet sich ____________________
6. Das Schwimmbad befindet sich ____________________
7. Das Rathaus steht ____________________
8. Die Pizzeria findest du ____________________
9. Das Eiscafé befindet sich ____________________

○ **2 Wohin gehst du? Vervollständige die Antworten. Setze die bestimmten Artikel ein.**

in die _____ Apotheke	*in* _____ Schule	*in* _____ Schwimmbad
auf _____ Herderplatz	*auf* _____ Brocken	*auf* _____ Eiffelturm
durch _____ Tunnel	*über* _____ Brücke	*in* _____ Fitnessstudio

○ **3 Ergänze in den Sätzen die Präpositionen um oder ab.**

Die Shows in der Arena finden immer zur vollen Stunde statt. Auch _____ 14 Uhr.

Auf der Gokart-Bahn ist morgens _____ 10 Uhr noch nicht viel los.

_____ 18 Uhr wird der Park beleuchtet. Da hat man eine tolle Aussicht von der Achterbahn.

Im 4-D-Kino läuft _____ 16 Uhr zu jeder vollen Stunde ein Film, der erst für Jugendliche _____ 12 Jahren frei ist.

○ **4 Setze die passenden Fragewörter ein. Der jeweils letzte Buchstabe der Fragewörter fehlt im Lösungswort.**

1. _____ freuen sich die Schüler? Antwort: Auf die Ferien.
2. _____ sammeln die Schüler Geld? Antwort: Für einen guten Zweck.
3. _____ dauert die Zirkusvorstellung? Antwort: Sie dauert eine halbe Stunde.
4. _____ kommt man zur Achterbahn? Antwort: Man biegt beim Brunnen rechts ab.

Lösungswort: [1] [2] [3] *I* *Z* [4] *I* *T*

○ **5 Korfball ist ein Ballspiel aus Holland. Das Wort „Korf" ist niederländisch und bedeutet Korb. Ergänze die Spielregeln mit den passenden Präpositionen. Streiche die verwendeten Wörter durch.**

nach | in | ohne | durch | auf | um | gegen | in | gegen

1. Vier Männer und vier Frauen spielen gleichberechtigt _____ einem Team.
2. Frauen spielen _____ Frauen und Männer _____ Männer, wobei jeder einen direkten Gegenspieler hat.
3. Das Spielfeld ist _____ zwei gleich große Hälften (Angriff und Verteidigung) unterteilt.
4. _____ einen Korbtreffer zu erzielen, muss der Ball von oben _____ den Korb geworfen werden.
5. _____ je zwei erzielten Körben wechseln die Spieler Angriffs- und Verteidigungsfeld.
6. Man darf nicht _____ den Korb zielen, wenn man eng verteidigt wird.
7. Korfball ist ein Spiel _____ harten Körpereinsatz. Das Sperren, Rempeln und Festhalten des Gegners ist nicht gestattet.

Seite 286–287

Verben und ihre Zeitformen

Merke

V11 V12

Verben

Verben sind **Tätigkeitswörter**, sie geben an
- was jemand tut → er schreibt
- was geschieht → es regnet
- in welchem Zustand etwas oder jemand ist → er bleibt

Man unterscheidet:
1. **Infinitiv** (Grundform) → laufen, lesen
2. **Personalform**, die sich danach richtet, wer oder was etwas tut. Es handelt sich um die konjugierte (gebeugte) Verbform.

	Singular	Plural
1. Person	ich laufe	wir laufen
2. Person	du läufst	ihr lauft
3. Person	er/sie/es läuft	sie laufen

Das Verb ist die einzige **konjugierbare Wortart**. Sie lässt sich durch **Person**, **Numerus** und **Zeitform** verändern.

Die Gegenwartsform, das **Präsens**, verwendet man, wenn man etwas erzählt, das gerade geschieht (→ sie geht, er sieht) oder das immer gilt (→ ich heiße).

○ **1** **Entscheide, welche Wörter Verben sind. Kreise sie ein.**

warten | begeistern | gestern | sehen | Seen | waschen | Taschen

fern | rennen | spielen | gern | weinen | kleinen | zusammen

○ **2** **Beschreibe, was du in deiner Freizeit tun kannst. Schreibe vier weitere Tätigkeiten auf, z. B.**

malen, lesen, ______________________________

○ **3** **Die Form, in der du die Verben aufgeschrieben hast, ist der Infinitiv (Grundform). Schreibe vier weitere Verben im Infinitiv auf.**

____

○ **4** **Baue Wortgruppen mit den Wörtern im Cluster. Wie verändert sich die Verbform? Unterstreiche die Endungen der Verben.**

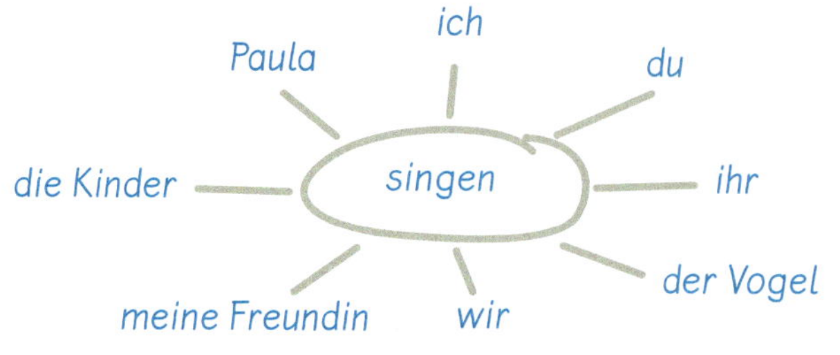

Paula singt ______________________________

____

____

5 **Schreibe zu den folgenden Personalformen den Infinitiv (die Grundform) auf.**

ich weiß → *wissen* ______ du musst → ______

du kannst → ______ du liest → ______

er sieht → ______ sie wirft → ______

du sprichst → ______ ich will → ______

sie erschrickt → ______ er isst → ______

6 **Denke dir Sätze mit den Verben haben und sein aus.**

haben	sein
Ich habe einen Freund.	*Ich bin Schülerin der Klasse 5a.*
Du hast	*Du bist*
Er	*Er ist*
Sie	*Sie*
Wir	*Wir*
Ihr	*Ihr seid meine Freunde.*
Sie	*Sie*

7 **Setze die Verben in der richtigen Personalform im Präsens ein.**

Warum teilst du denn nicht mit uns?

Heute ist Sportfest in unserer Schule. Florian ___*gewinnt*___ (gewinnen) einen Preis beim Werfen: 10 Tüten Gummibärchen. Er ______ (essen) eine Tüte Bärchen nach der anderen. Lisa ______ (sagen): „Wir ______ (essen) auch gerne Gummibärchen! Warum ______ (teilen) du denn nicht mit uns?" Sie ______ (bekommen) keine Antwort.

Beim Wettrennen ______ (sagen) Florian plötzlich, dass er fürchterliche Bauchschmerzen ______ (haben). Lisa ______ (laufen) als Erste durchs Ziel. Etwas später ______ (halten) sie den 1. Preis in der Hand: 20 Tüten Gummibärchen. Alle Kinder ______ (schauen) gierig. Lisa ______ (sagen) lächelnd: „Ich ______ (wissen), worauf ihr ______ (warten)."

Und schon ______ (verteilen) sie alle Gummibärchen.

Seite 286–287

8 **Lies den Text und setze die richtigen Personalformen im Präsens ein.**

Ich grüße (grüßen) dich, liebes Tagebuch!
Mal wieder ____________ (müssen) ich meckern, und zwar über meine Schwester Lina. Sicher ____________ (wissen) du längst, dass ich mit ihr 59 Minuten jeder Stunde auf Kriegsfuß ____________ (stehen). Ich ____________ (sagen) dir, es ____________ (sein) nicht einfach, sich mit einem Menschen zu vertragen, der nur bescheuerte Musik ____________ (hören) und sich kiloweise Farbe ins Gesicht und auf die Nägel ____________ (schmieren)!
Wenn ich nur die kleinste Kritik ____________ (anmelden), fängt sie an zu streiten.
Dabei ____________ (haben) ich doch Recht. Ehrlich!
Außerdem ____________ (kichern) sie oft so fies, wenn sie ____________ (sehen), wie ich ____________ (üben) Skateboard zu fahren. Das ____________ (gehen) mir echt auf den Zeiger! Überhaupt ____________ (finden) ich Mädchen ziemlich doof.

9 **Lies den folgenden Anfang einer Geschichte. Unterstreiche alle Verbformen.**

Es ist schon spät. Oliver sitzt am Computer und schreibt einen Text. Er muss zur nächsten Deutschstunde eine Geschichte erfinden. Plötzlich klingelt nebenan das Telefon. Wer ruft da an? Er steht auf und verlässt das Zimmer. In diesem Moment kommt Kater Wanja aus seiner Ecke. Er verfolgt eine Fliege, die auf den Computer fliegt. Wanja springt hinauf auf den Computertisch und wieder hinunter. Die Fliege fängt er nicht. Als Oliver das Zimmer wieder betritt, sieht er mit Entsetzen den dunklen, leeren Bildschirm. Gleich fällt ihm Wanja ein, der inzwischen wieder gemütlich in seiner Ecke liegt …

Merke

V13

Zeitform des Verbs: Präteritum

Die einfache **Vergangenheitsform**, das Präteritum, verwendet man, wenn man **schriftlich** über etwas **Vergangenes** erzählt (→ sie ging, er sah).
Das Präteritum wird besonders in **Geschichten** und **Erzählungen** verwendet.

Man unterscheidet **starke** und **schwache** Verben:
Schwache Verben bilden das Präteritum durch die **Endung -te** (rennen → rannte).
Starke Verben bilden das Präteritum durch die **Änderung des Verbstamms** (tragen → trug).

10 **Übertrage den Geschichtenanfang aus Aufgabe 9 ins Präteritum, also in die Vergangenheit.**

Es war schon spät.

11 **Überlege dir ein Ende für die Geschichte und schreibe es im Präteritum auf. Achte dabei auf die Verbformen.**
- Was passiert am Ende der Geschichte?
- Gibt es ein gutes oder ein schlechtes/trauriges Ende?
- Überlege dir eine passende Überschrift und schreibe sie in Aufgabe 10.

Seite 286–287

12 Finde die Verbformen. Schreibe sie zuerst rechts auf. Trage sie dann links in das Rätsel ein. Die markierten Buchstaben zeigen dir das Lösungswort.

1	e m p f e h l e n
2	e i n k a u f e n
3	u n t e r n a h m
4	a b r e i s e n
5	e n t s c h i e d
6	s c h l a f e n
7	b e s c h l o s s
8	e r h i e l t
9	z ö g e n
10	s c h r e i b t

1 sie empfahl – Infinitiv empfehlen
2 wir kauften ein – Infinitiv einkaufen
3 er unternimmt – Präteritum unternahm
4 wir reisten ab – Infinitiv ablreisen
5 ich entscheide - Präteritum entschied
6 es schlief – Infinitiv schlafen
7 sie beschließt – Präteritum beschloss
8 erhalten – Präteritum (ich/er/sie/es) erhielt
9 wir ziehen – Präteritum zogen
10 ihr schriebt – Präsens ________

Lösungswort: P a u s e n b r o t

13 Ergänze in der Tabelle die fehlenden Formen. Unterstreiche in Gruppe A jeweils das ie in der Präteritumsform. Markiere in Gruppe B das ß in den verschiedenen Verbformen.

	Infinitiv (Grundform)	Präsens	Präteritum
A	schreien	er ____	er ____
	____	sie ____	sie rief
	bleiben	er ____	er ____
	____	sie ____	sie schwieg
B	essen	sie ____	sie ____
	____	er fließt	er ____
	____	er vergisst	er ____
	verlassen	sie ____	sie ____
	gießen	ich gieße	ich goss
	genießen	wir genießen	wir ____
	____	es ____	es schoss
	anfassen	du ____	du fasstest an

○ **14** **Bilde die Präteritumsformen der folgenden Verben und schreibe jeweils einen Satz damit auf. Verwende die Ich-Form. Nutze deine Fantasie.**

gehen · raten · trinken · fallen · schreiben · rufen · schweigen · schlafen

schreien · bekommen · vergessen · entscheiden · anfangen · stehen · heben

Ich ging zum Training. Ich riet die Lösung leider nicht. ich trant einen zauber trank

15 **Du findest hier waagerecht und senkrecht weitere 14 Verbformen im Präteritum. Markiere sie, schreibe sie unten auf und ergänze jeweils den Infinitiv.**

W	U	S	C	H	S	A	N	G	R	I	E	T
A	B	T	N	A	H	M	L	I	E	F	B	R
T	K	A	M	F	T	R	A	N	K	I	R	S
R	C	C	E	I	H	I	S	G	N	A	A	A
A	D	H	I	E	L	T	J	L	O	G	C	H
F	S	E	H	L	U	G	K	M	P	Q	H	S

1 wusch – waschen

Seite 286–287

! Merke

V14

Zeitform des Verbs: Perfekt

Man verwendet das Perfekt meist, wenn man **mündlich** von etwas **Vergangenem** erzählt.

Das Perfekt wird mit den Formen von **haben** oder **sein** und dem **Partizip II** eines Verbs gebildet → ich habe gelacht, ich bin gelaufen.

○ **16** **Dany hat folgende Geschichte über sein Hobby erzählt. Lies sie und unterstreiche alle Perfektformen. Schreibe dann fünf davon auf und ergänze jeweils die Präsensform.**

„Ich habe schon als kleiner Junge vom Segelfliegen geträumt. Ich bin direkt neben einem Flugplatz aufgewachsen. Es waren immer Schafe da, die haben das Gras der Landebahn kurzgehalten. Ich bin zuerst immer mit meinem Bruder hingegangen; später bin ich direkt nach der Schule zum Flugplatz gelaufen. Stundenlang habe ich zugesehen, wie die Segelflugzeuge in großen Kreisen immer höher gestiegen sind. Den Tag, als ich zum ersten Mal mitgeflogen bin, habe ich bis heute nicht vergessen. Ich bin erst sieben Jahre alt gewesen, da hat mein Bruder mich im Flugzeug mitgenommen. Eigentlich bin ich jede freie Minute auf dem Flugplatz gewesen. Ich habe dort auch geholfen. Zum Beispiel habe ich das Drahtseil mit eingeholt, damit der Nächste starten konnte. Später habe ich mit dem Rasentraktor den Platz gemäht. So ist allmählich mein Wunsch, Segelflieger zu werden, entstanden."

ich habe geträumt – ich träume, ... ______________________________

____

○ **17** **Bringe die folgenden Bausteine der Perfektsätze in die richtige Reihenfolge.**

vom Segelfliegen | Früher | geträumt. | ich | habe

Früher habe ich ______________________________

jeden Tag | Ich | auf dem Flugplatz | geholfen. | habe

____

Dann | bei meinem großen Bruder | genommen. | Flugstunden | habe | ich

____

gezittert. | ich | Aufregung | vor | habe | Vor dem ersten Flug

____

18 **Ergänze in den folgenden Sätzen die Perfektformen der Verben.**

1. Patricia: Ich ___*habe*___ im Aquazoo ein echtes Krokodil ___*gesehen*___. (sehen)
2. Boris: Wir __________ im Wald einen 2 kg schweren Pilz __________. (finden)
3. Sascha: Eine riesige Spinne __________ am ersten Tag über meine Hand __________. (laufen)
4. Hanka: Ich __________ mit meinem Bruder zu meiner Oma __________. (fahren)
5. Aldin: Wir __________ im Hotel unsere ehemalige Lehrerin __________. (treffen)
6. Nana: Ich __________ in der Bibliothek ein Buch über Affen __________. (ausleihen)
7. Karl: Wir __________ in unserem Ferienort eine fleischfressende Pflanze __________. (kaufen)
8. Sina: Wir __________ im Urlaub in Hamburg Austern __________. (essen)
9. Sergej: Wir __________ zweimal im Zirkus __________. (sein)
10. Antonia: Ich __________ irgendwo mein Tagebuch __________. (verlieren)
11. Mark: Ich __________ mit meinen Eltern nach Marokko __________. (fliegen)

19 **Was hast du in den letzten Ferien erlebt? Schreibe fünf Sätze im Perfekt.**

In den letzten Sommerferien habe ich viel erlebt!

____

____

____

____

20 **Forme hier die Sätze aus Aufgabe 19 ins Präteritum um.**

In den letzten Sommerferien erlebte ich viel!

____

____

____

____

Seite 288

Satzglieder

Merke

V15

Satzglieder

Sätze bestehen aus **Satzgliedern**.
Ein Satzglied kann aus **einem Wort** oder **einer Wortgruppe** bestehen und lässt sich innerhalb eines Satzes **verschieben**.

Mit der **Umstellprobe** kann man die Satzglieder und ihre Anzahl ermitteln.
Wörter und Wortgruppen, die bei der Umstellung des Satzes zusammenbleiben, sind **Satzglieder**.

→ Der Zauberer | übergibt | dem Assistenten | seinen Zauberstab.

→ Dem Assistenten | übergibt | der Zauberer | seinen Zauberstab.

→ Seinen Zauberstab | übergibt | der Zauberer | dem Assistenten.

!Achtung! Bei der Umstellung darf der Satz seinen Sinn nicht ändern.

○ **1 Stelle fest, was das Besondere an den folgenden Sätzen ist. Bilde selbst so einen Satz.**

Anja angelt Aale in Albanien.
Daniel dressiert dicke Dackel in Deutschland.
Françoise feiert fröhliche Feste in Frankreich.
Gregor genießt große Granatäpfel in Griechenland.
Hermine hilft Henrik im Haushalt.
Indira isst immer Inselspezialitäten in Indonesien.
Mohammed mag Moscheen in Marokko.
Raissa reitet riesige Rentiere in Russland.
Zambo zerschneidet zehn Zitronen in Zaire.

____

____

○ **2 Wähle fünf Sätze aus Aufgabe 1 und trage die Satzglieder wie im Beispiel in die Tabelle ein.**

Subjekte	Prädikate	Objekte
Anja	*angelt*	*Aale*

Merke

V16 V17

Die Satzglieder Subjekt, Prädikat und Objekt

Das **Subjekt** gibt an, wer oder was etwas tut. Man erfragt es mit **Wer oder was?**.
→ Unser Zauberer hat eine Idee.

Das **Prädikat** gibt an, was geschieht oder was jemand tut. Es kann aus einem oder mehreren Verben bestehen. → Er kocht seine Suppe.
→ Er will seine Suppe kochen.

Das **Prädikat** (oder ein Prädikatteil) steht in einem **Aussagesatz** immer an **zweiter Stelle** und kann nicht verschoben werden.

Das **Objekt ergänzt** einen Satz durch **Informationen**.
→ Er sagt uns die Zauberformel.
Es gibt das Akkusativobjekt. Man erfragt es mit **Wen oder was?**
Es gibt das Dativobjekt. Man erfragt es mit **Wem?**

3 Lies den folgenden Text und markiere alle Prädikate.

Der Unterricht beginnt
Ihr setzt euch bequem hin. Ihr schließt die Augen. Ihr atmet tief und ruhig ein. Der Spielleiter führt euch durch euren heutigen Tag. Ihr erlebt den Tag ruhig in Gedanken noch einmal. Um sieben bin ich heute aufgestanden. Beim Aufstehen habe ich mich müde gefühlt. Dann ...

4 Schreibe jetzt die oben stehenden Sätze so ab, dass die Prädikate immer im Kreis bzw. in den beiden Kreisen stehen.

Ihr (setzt) euch bequem (hin).

Seite 288

5 Stelle den folgenden Satz drei Mal schriftlich um. Markiere die Satzglieder verschiedenfarbig und bestimme sie.

> Heute erzählt der Lehrer den Kindern eine Geschichte.

____

____

____

6 Lies den folgenden Text und markiere alle Subjekte rot.

> **Regentropfen**
> Jeder nimmt zwei Stifte, einen in jede Hand. Setzt euch entspannt hin und schließt <u>die Augen</u>. Der Spielleiter geht leise herum und tippt nacheinander <u>jedem</u> auf die Schulter. Wenn ihr berührt worden seid, sprecht ihr in Gedanken immer wieder <u>das Wort</u> „Regentropfen“. Dabei schlagt ihr die beiden Stifte leicht gegeneinander in dem Rhythmus, in dem ihr das Wort „Regentropfen“ sprecht. Wenn jeder <u>seinen</u> <u>Rhythmus</u> gefunden hat, legt der Spielleiter nacheinander <u>jedem Schüler</u> <u>die Hand</u> kurz auf die Schulter. Ihr sitzt dann wieder ganz ruhig, bis alle aufgehört haben.

7 Bestimme die unterstrichenen Satzglieder.

die Augen → Akkusativobjekt

____

____

8 In welchem Beruf macht man was? Schreibe einen kurzen Satz in die Tabelle. Nenne typische Tätigkeiten. Ergänze in jedem Satz ein Akkusativobjekt.

~~Busfahrerin~~ | Musiker | Ärztin | Friseur | Köchin | Mechatroniker | Verkäuferin | Kellner

~~lenken~~ | untersuchen | kämmen | spielen | schneiden | reparieren | zeigen | bedienen

Subjekt (Wer oder was?)	Prädikat	Akkusativobjekt (Wen oder was?)
Die Busfahrerin	*lenkt*	*den Stadtbus.*

○ **9** **Verbinde den Satzanfang mit dem passenden Dativobjekt. Schreibe den Satz in die Tabelle. Wie heißen die Artikel?**

1. Der Astronaut begegnet	Patientin
2. Der Aufschlag gelingt	Tennisprofi
3. Die Krankenschwester hilft	Außerirdischer
4. Die Stimmung im Saal gefällt	Torwart
5. Die Fußballfans applaudieren	Polizistin
6. Der Dieb entkommt	Rockmusiker

Subjekt Wer oder was?	Prädikat	Dativobjekt Wem?
Der Astronaut	*begegnet*	*dem Außerirdischen.*

◒ **10** **Hier stimmt doch etwas nicht! Die Akkusativobjekte sind durcheinandergeraten. Ordne sie richtig zu.**

Subjekt	Prädikat	Dativobjekt	Akkusativobjekt
1. Die Metzgerin	*verkauft*	*dem Kunden*	*einen Weisheitszahn.*
2. Der Zahnarzt	*zieht*	*dem Patienten*	*einen Beschwerdebrief.*
3. Die Kellnerin	*serviert*	*dem Gast*	*ein Fieberthermometer.*
4. Der Pfleger	*gibt*	*dem Kranken*	*eine Mathematikaufgabe.*
5. Die Chefin	*zeigt*	*dem Mitarbeiter*	*eine Linsensuppe.*
6. Der Lehrer	*erklärt*	*den Schülern*	*eine Bockwurst.*

Satzarten

Merke

Satzarten und ihre Funktionen

Man unterscheidet nach der Stellung der **konjugierten Verbform** im Satz:

Verberstsatz:
Das konjugierte Verb steht an **erster Stelle**.
→ Gehen wir in den Zoo?

Verbzweitsatz:
Das konjugierte Verb steht an **zweiter Stelle**.
→ Wir gehen in den Zoo.

Verbletztsatz:
Das konjugierte Verb steht im Nebensatz und dort an **letzter Stelle**. → Wir gehen in den Zoo, weil wir ein Ticket haben.

Sätze haben **verschiedene Funktionen**, je nachdem, was man ausdrücken möchte. Die Satzfunktion entscheidet über das **Satzschlusszeichen**:

- wenn man etwas **feststellt** oder **aussagt** → **Aussagesatz**, endet mit **Punkt** → Wir haben ein Zooticket gewonnen.
- wenn man **Gefühle** und **Wünsche** ausdrückt → **Aussagesatz** endet mit **Punkt** → Wir freuen uns auf den Zoobesuch.
- wenn man etwas **wissen** möchte → **Fragesatz** endet mit **Fragezeichen** → Haben wir einen Zooticket gewonnen?
- wenn man zu etwas **auffordert** oder etwas **ausruft** → **Ausrufesatz oder Aufforderungssatz** endet mit **Ausrufezeichen** → Lasst uns in den Zoo gehen! → Schau her!

○ **1 Bilde Entscheidungsfragen und schreibe sie auf.**

1. gern Sport treiben? *Treibst du gern Sport?*
2. gern Ski fahren? ______
3. gern Rad fahren? ______
4. gern Fußball spielen? ______

○ **2 Ergänze in den folgenden W-Fragen die passenden Fragewörter.**

Womit? Was? Wo? ~~Wie?~~ Wer? Wie? Wem? Wofür?

1. *Wie* heißt du?
2. ______ alt bist du?
3. ______ machst du gern?
4. ______ wohnst du?
5. ______ ist dein Freund?
6. ______ interessierst du dich besonders?
7. ______ beschäftigst du dich am Wochenende?
8. ______ schreibst du manchmal eine Nachricht?

○ **3 Bilde vier weitere W-Fragen. Achte auf die Verbposition.**

Wann ______ ?

Mit wem ______ ?

Womit ______ ?

Woher ______ ?

4 **In einem Forum wird diskutiert, ob es Klassensprecher geben sollte oder nicht. Lies die Diskussion und kreuze die Beiträge an, denen du zustimmst.**

☐ **Jana** Ich finde es überflüssig, einen Klassen- oder Schulsprecher zu wählen__ Diese Leute wollen sich doch nur wichtigmachen__ Und wenn's hart auf hart kommt, halten sie doch nur zu den Lehrern__

☐ **Corinna** Ich gehe in eine sehr große Schule mit über 1000 Schülern__ Unser Klassensprecher hat öfter eine Versammlung__ Und was er dort erfährt, teilt er uns sofort mit__ Super__

☐ **Herr Grau** Willst du wirklich auf dein Mitbestimmungsrecht verzichten__ Was wäre die Schule ohne die gewählten Schülervertreter__ Stell dir vor, dann könnten die Lehrer wirklich alle machen, was sie wollen__ Aber man muss ihnen auch sagen können, dass sie etwas nicht richtig machen__

☐ **Ali** Jana hat völlig Recht. Ich finde auch, dass Klassensprecher nur die Chefs der Klasse sein wollen, um zu bestimmen__ Und bei großen Streitereien halten sie zu den Lehrern, um aufzufallen und gelobt zu werden__

☐ **Till** Richtig, Jana__ Klassensprecher sollte man abschaffen__ Was die können, können wir schon lange__ Unsere Klassensprecherin spricht immer nur für einige Schüler, meistens die Mädchen__ Ist das bei euch genauso__

☐ **Ida** Was meinst du, Jana, wer bei uns an der Schule Filmabende, Schuldiskos, die „Kulturarena" und Sporttage organisiert__ Das machen der Schülersprecher und die SV__ Ich selbst bin Klassensprecherin und sage, wenn der Klasse etwas nicht passt__

☐ **Leon** Überflüssig ist nur der falsche Klassensprecher__ Denn der richtige sollte eure Probleme, Sorgen und Wünsche an eure Lehrerinnen und Lehrer weitergeben und mit ihnen nach Lösungen suchen__ Tut er das nicht, löst ihn ab__ Wählt einen, der für euch kämpft__

5 **Ergänze in Aufgabe 4 die Satzschlusszeichen.**

6 **Verberst-, Verbzweit-, Verbletztsatz? Finde jeweils ein Beispiel in Aufgabe 4. Schreibe die Sätze auf.**

Verberstsatz: ______________________________

____

Verbzweitsatz: ______________________________

____

Verbletztsatz: ______________________________

____

7 **Spiele hier die Rolle des Zauberers und lies laut mit der richtigen Betonung. Ergänze die richtigen Zeichen am Ende der Sätze.**

Hereinspaziert, sehr verehrtes Publikum, kommen Sie und staunen Sie__ Haben Sie gute Nerven__ Sie werden sie brauchen__ Sehen Sie diesen jungen Mann__ Schauen Sie ihn noch einmal genau an__ Gleich werden Sie Ihren Augen nicht trauen__ Ottokar, sind Sie bereit__ Dann geht es jetzt los__

Seite 289

Satzverknüpfungen und Konjunktionen

Merke

Konjunktionen (Bindewörter)

Konjunktionen wie **und, wenn, weil, ob, während, dass, als, aber, oder, obwohl, da** verbinden Sätze oder Teilsätze miteinander zu **Satzverknüpfungen**. → Ich lese das Buch, weil es spannend ist.

Vor den meisten Konjunktionen steht ein **Komma**.

○ **1** **Bilde sinnvolle Satzverknüpfungen, indem du die richtige Konjunktion (Bindewort) verwendest. Ordne zu, schreibe dann die Sätze auf und unterstreiche die Konjunktionen.**

Clara und Mira sind in die Bibliothek gegangen, …	als	sie ein Buch über Australien ausleihen wollen.
Ricardo blieb bis in die frühen Morgenstunden wach, …	und	er einfach nicht aufhören konnte zu lesen.
Luise mag Bücher über Tiere …	während	sie mag Bücher über Expeditionen.
Jara hört ein Hörbuch, …	~~weil~~	ihr Bruder lieber selbst ein Buch liest.
Timo kann die Menge an Büchern kaum fassen, …	da	er das erste Mal in der großen Stadtbücherei steht.
Aaron stellt sich die Frage, …	ob	die Menschen auch in fünfzig Jahren noch Bücher lesen werden.
Ich leihe dir mein Lieblingsbuch, …	wenn	du mir dafür deines gibst.
Die Kinder im Kindergarten glauben, …	aber	es Feen und Zauberer gibt.
Wir werden viele Bücher lesen, …	dass	darunter werden auch einige langweilig sein.

Clara und Mira sind in die Bibliothek gegangen, weil sie ein Buch über Australien ausleihen wollen.

2 **DASS mit Doppel-S steht immer als Konjunktion und leitet einen Verbletztsatz (Nebensatz) ein. DAS mit einfachem S ist niemals eine Konjunktion. Aber welches Wort von beiden brauchen wir? Lies zunächst den Text zu dem Buch „Belgische Riesen" von Burkhard Spinnen.**

Friederikes Vater hat sich von ihrer Mutter getrennt und nun hat er eine neue Frau. Friederikes Mutter kann das Haus nicht mehr bezahlen und ihr Vater kümmert sich mehr um seine neue Freundin als um Friederike. Deshalb plant Friederike mit ihrem Freund Konrad einen höchst abenteuerlichen Rachefeldzug gegen Papas „Neue", bei dem ein Kaninchen eine zentrale Rolle spielt.

3 **Lies, wie sich einige Schülerinnen und Schüler zu diesem Buch geäußert haben. Ergänze in den Sprechblasen das oder dass.**

Ich glaube, __________ mir das Buch gefallen wird. __________ lese ich. Ich hatte vor einiger Zeit ähnliche Probleme wie Friederike.

Marram

Ja, __________ leihe ich mir aus. Ich kann mir denken, __________ es ein spannendes Buch ist.

Igor

Ich denke, __________ __________ nichts für mich ist. Früher habe ich Abenteuerbücher gerne gelesen. __________ hat sich geändert.

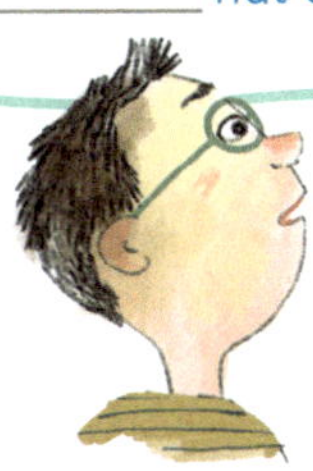

Daniele

Ein Buch über Probleme mag ich nicht. __________ ist mir zu langweilig. Wisst ihr übrigens, __________ ich selbst Krimis schreibe?

Sandra

4 **Verbinde jeweils beide Sätze mit der vorgeschlagenen Konjunktion. Denke daran, den Satz hinter der Konjunktion als Verbletztsatz umzustellen. Achte auch auf die Kommasetzung.**

Der Oktober geht zu Ende, wenn endlich das Halloween-Fest kommt.

Kenan und Olli haben sich verkleidet. Sie wollen in ihrer Straße Süßigkeiten sammeln. (weil)

____

Kenan setzt seine Monstermaske auf. Olli erschrickt zuerst sehr. (als)

____

Leider sind nicht viele Leute zu Hause. Ihr Beutel ist schließlich prall gefüllt. (obwohl)

____

Seite 289

Wörtliche Rede und ihre Zeichensetzung

Merke

V18

Wörtliche Rede

Die **wörtliche Rede** gibt wieder, was eine Person sagt. Sie steht in **Anführungszeichen**.
Der Satz, der die wörtliche Rede einleitet, heißt **Begleitsatz**.
→ Tamara meint: „Ich möchte auch mitspielen."

1 Elena will sich von Jan ein Buch ausleihen. Ordne den Personen die passenden Sprechblasen zu.

1. Elena ruft:
2. Jan fragt:
3. Elena fragt:
4. Jan antwortet:
5. Elena sagt:
6. Jan fordert:

Aber gib es mir dieses Mal gleich wieder, wenn du fertig bist

Ja, was ist denn

Super, ich bin schon so gespannt, wie es weitergeht

Hey, warte mal bitte

Na gut, ich habe es gerade durchgelesen

Kannst du mir morgen das neue Buch mitbringen

2 Schreibe das Gespräch auf. Setze die Satzschlusszeichen und die Anführungszeichen ein.

Elena ruft: „Hey, warte mal bitte!"

3 Alex hat seine Musikanlage viel zu laut aufgedreht. Seine Schwester möchte, dass er die Musik leiser stellt. Denke dir ein Gespräch aus, in dem mindestens ein Fragesatz, ein Aufforderungssatz und ein Aussagesatz vorkommen. Achte auf die Satzschlusszeichen und die Anführungszeichen.

4 **Lies die Fabel und beantworte dann die nachfolgenden Fragen.**

A05

Der Esel und der Fuchs

Nach Äsop

Ein Esel und ein Fuchs hatten beschlossen, miteinander auf die Jagd zu gehen. Dabei begegneten sie einem Löwen, der auf Beute aus war. Der Fuchs, der Gefahr witterte, sagte zu dem Esel, er wolle vorausgehen und mit dem Löwen reden, damit er sie beide in Frieden lasse. Dann ging er auf den Löwen zu und bot ihm an, ihm den Esel auszuliefern, wenn ihn der Löwe dafür ungeschoren lassen würde. Der Löwe ging scheinbar auf den verräterischen Handel ein und stimmte zu. Der Fuchs kehrte zum Esel zurück und erzählte, dass der Löwe einverstanden sei. Er aber kenne einen guten Weg, den sie jetzt gemeinsam gehen sollten. Er führte ihn so listig, dass der Esel in die Falle geriet und dem Löwen nicht mehr entgehen konnte. Der hatte es kaum wahrgenommen, da griff er sich den Fuchs. Den Esel verspeiste er hernach.

1. Welche Tiere kommen vor!

   ____

2. Welche List hat sich der Fuchs ausgedacht?

   ____

3. Welche Tiere werden gefressen?

   ____

5 **Gib den Inhalt der Fabel jetzt mit neuen Sätzen wieder. Ersetze die indirekte Rede an den farbig gedruckten Stellen durch direkte, wörtliche Rede,**
z. B. *Der Fuchs sagte zum Esel: „Ich will zuerst zum Löwen gehen und mit ihm reden …"*

____

____

____

____

____

____

____

____

____

____

____

____

____

Seite 290

Rechtschreibstrategie Zerlegen

Merke

Die Silbe

Wörter bestehen aus **einer** oder **mehreren Silben**. Im Deutschen sind die meisten Grundwörter **zweisilbig**. → Ha|se, Rau|pe

Die **erste Silbe** wird immer betont, also laut gesprochen, und kann

- auf einen **Vokal** (a, e, i, o, u, ä, ö, ü, ei, ie, äu, eu, au) enden = **offene Silbe** → Rie|se, Ho|se
- auf einen **Konsonanten** (d, m, l, t...) enden = **geschlossene Silbe** → Bir|ke, hel|fen

In der **zweiten Silbe** ist immer ein **e** zu finden. Die Stelle, an der zwei Silben aufeinandertreffen, heißt **Silbengrenze**.

1 **Lies die folgenden Wortpaare laut. Sprich immer ein Wort mit langem, das andere Wort mit kurzem Vokal. Ergänze die fehlenden Buchstaben und schreibe die Wörter wie im Beispiel auf.**

der Wal – der Wal__ *der Wal – der Wall*

die Gase – die Gas__e ______

die Hüte – die Hüt__e ______

der Aal – das Al__ ______

die Rate – die Rat__e ______

sie lasen – sie las__en ______

der Ofen – of__en ______

der Schal – der Schal__ ______

2 **Setze unter diese Wörter Silbenbögen.**

Zuschauer – Sonnenbrille – Donnerwetter – Nadelbaum – Szenen – Zauberer – Schlafwandeln – Roboter – Aufführung – Gabelbissen – Rolle – Körpersprache

3 **Löse das Silbenrätsel und trage die Zweisilber in die richtige Spalte ein.**

Kie | ne | Me | der | Dü | den | fern | schen | Nor | Län | ter | Men

Wörter mit offener Silbe	Wörter mit geschlossener Silbe

○ **4 Lies den Text. Beantworte dann die nachfolgende Frage.**

A06

Eine ungewöhnliche Idee

Tunnel sind eine praktische Sache. Mit der Fahrt durch die Berge kann man viel Zeit sparen. Die Schweizer hatten dazu vor vielen Jahren eine Idee. Ein Eisenbahntunnel durch die Alpen sollte die nördlichen und südlichen Teile der Schweiz verbinden. Sie planen einen 15 Kilometer langen Tunnel. 1872 starten sie den Bau. Ein Teil der Männer arbeitet von Süden her, ein anderer Teil beginnt im Norden. Es wird tief in den Felsen gebohrt, um das Dynamit einzubringen. Die Männer können durch die Dämpfe der Sprengungen schlecht atmen. Die Luft im Tunnel hat Erkrankungen zur Folge. Immer wieder kommt es zu Unfällen. Die Arbeiter leben unter sehr schlechten Bedingungen. Sie haben nur kleine Räume, in denen sie mit vielen anderen schlafen und ihr Essen zubereiten müssen. Auch ein Streik ändert die Zustände nicht. Doch dann kommt der Erfolg. 1880 stoßen die beiden Gruppen der Bauarbeiter aufeinander. Die Tunnelteile weichen nur um 30 Zentimeter zur Seite und um fünf Zentimeter in der Höhe voneinander ab.

Was soll der Tunnel miteinander verbinden? Kreuze die richtige Antwort an.

- ☐ die beiden Gruppen der Bauarbeiter
- ☐ Frankreich und die Schweiz
- ☐ den südlichen und den nördlichen Teil der Schweiz

○ **5** Die folgenden Zweisilber stehen alle im Text. Schreibe sie ab. Schreibe den ersten Vokalbuchstaben rot und den zweiten Vokal grün. Trenne die Silben durch einen senkrechten Strich. Die zweite Silbe beginnt immer mit einem Konsonanten.

Berge | sparen | planen | starten | Felsen | Folge | schlafen | Seite

Ber | ge ______________________________

____

○ **6 Sieh dir oben die zweisilbigen Wörter an. Zeichne alle Silbenbögen. Prüfe, ob alle Wörter auf der ersten Silbe betont werden.**

◒ **7 Trage die Zweisilber in die Tabelle ein. Unterscheide dabei, ob es sich um eine offene oder geschlossene Silbe handelt.**

offene erste Silbe	geschlossene erste Silbe
spa | ren	Ber | ge

Seite 290

Arbeitstechnik

V19

Das Haus-Garage-Modell

Das Haus-Garage-Modell hilft dir, Wörter **richtig** zu **schreiben**.
Es steht für **zweisilbige** Wörter:
Haus = erste Silbe, **Garage** = zweite Silbe.

einsilbige Wörter
werden verlängert, damit sie ins Modell passen
→ klein – kleiner

zweisilbige Wörter
1. Zerlege das Wort in zwei Silben. → klei|ner
2. Schreibe die erste Silbe in das **Haus**.
   → Im 2. Zimmer ist immer ein Vokal.
   → Ist das 3. Zimmer belegt, spricht man den Vokal davor kurz. → Man|tel
   → Ist das 3. Zimmer leer, spricht man den Vokal davor lang. → Ta|fel
3. Schreibe die zweite Silbe in die **Garage**.
   → Das 1. Zimmer muss besetzt sein.
   → Im 2. Zimmer steht immer der Vokal e.

mehrsilbige und zusammengesetzte Wörter
Zerlege die Wörter in Zweisilber, um sie in das Modell einzubauen. → Kerzen-leuchter

○ **8** **Übernimm die Zweisilber aus Aufgabe 7 jetzt in das Haus-Garage-Modell. Trage zuerst die Vokalbuchstaben in die mittleren Zimmer ein. Unterscheide dabei nach offener und geschlossener Silbe.**

Berge | sparen | planen | starten | Felsen | Folge | schlafen | Seite

offene Silbe

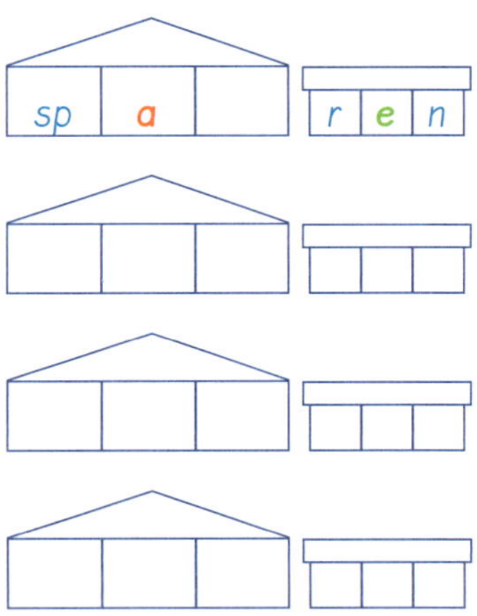

geschlossene Silbe

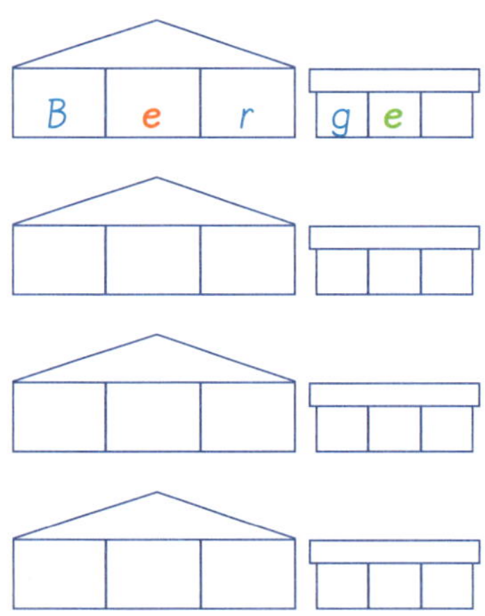

○ **9** **Trage auch die folgenden Zweisilber in das Haus-Garage-Modell ein.**

Teile | Orte | finden | leben

offene Silbe

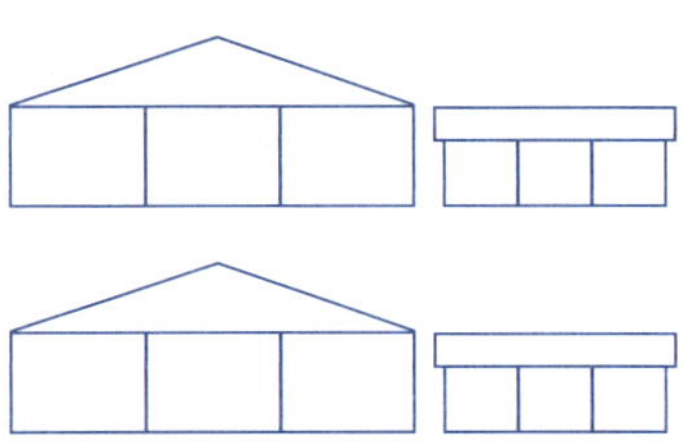

geschlossene Silbe

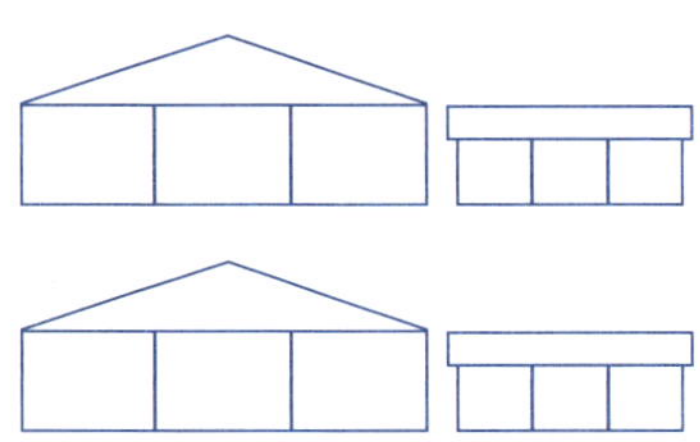

○ **10** **Lies den Text. Fasse ihn dann unten in zwei Sätzen zusammen.**

A07

Die Titanic

Am Morgen des 15. April 1912 stieß die Titanic mit einem Eisberg im Nordatlantik zusammen und sank. Von den 2200 Passagieren an Bord kamen 1500 ums Leben. 700 wurden gerettet. Die Menschen dachten damals, dass dieses stabile Schiff aus Eisen nicht untergehen könnte. 73 Jahre später wird das Wrack in einer Tiefe von 3800 Metern entdeckt. Wer sehr viel Geld zahlt, darf sich das Wrack ansehen. Das ist aber nur im Sommer möglich, weil es sonst zu viel stürmen kann. Die Tauchkapsel ist aus Titan und hat einen Durchmesser von zwei Metern. Zwei Personen und ein Pilot passen hinein. Wenn die Luke geschlossen ist, beginnt der Tauchgang. Er dauert elf Stunden. Schon 50 Meter unter dem Wasserspiegel ist es völlig dunkel. In der Kapsel gibt es nur eine Notbeleuchtung. Es wird sehr kalt. Wenn der Grund erreicht ist, werden die starken Scheinwerfer eingeschaltet. Die Reste der Titanic sind zu sehen. Ein beeindruckender Moment.

○ **11** **Die folgenden Zweisilber stehen alle im Text. Schreibe sie ab. Schreibe den ersten Vokal rot und den zweiten grün. ei und ie gehören jeweils zusammen. Trenne die Silben durch einen senkrechten Strich. Zeichne dann die Silbenbögen.**

Morgen | Leben | Menschen | Eisen | später | Tiefe | stürmen | Luke | Stunden | dunkel

Mor|gen

○ **12** **Kennzeichne die betonte Silbe mit einem dickeren Silbenbogen. Trage jetzt die Zweisilber aus Aufgabe 11 in das Haus-Garage-Modell ein.**

offene erste Silbe

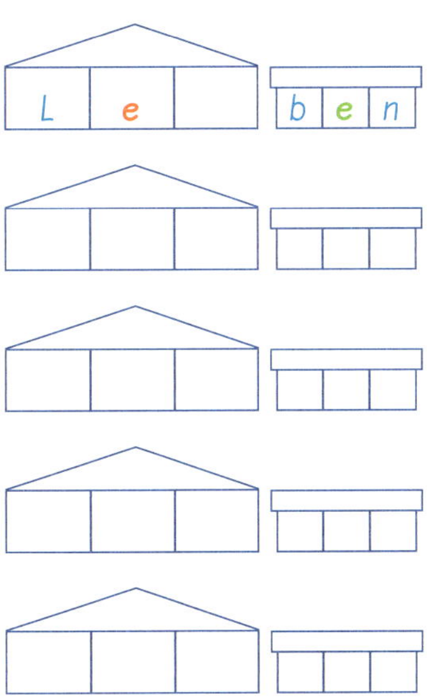

geschlossene erste Silbe

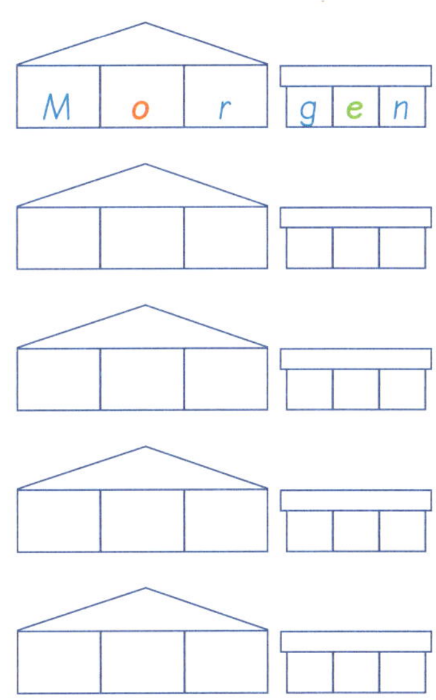

Seite 290

! Merke

Doppelkonsonanten und silbentrennendes h

Die folgenden zwei Baumuster von deutschen **Zweisilbern** können das Lesen erleichtern und beim Schreiben helfen:

Baumuster silbentrennendes h
Die erste Silbe **endet auf einen Vokal**. Damit dieser nicht auf das **e** in der zweiten Silbe trifft, steht ein **h** dazwischen. → Schu|he, dre|hen, ho|he, Rei|he

Baumuster Doppelkonsonanten
Nach einem **kurzen Vokal** in der ersten Silbe wird der **Konsonant verdoppelt**, wenn kein weiterer Konsonant zu hören ist. → Klas|se, schwim|men, net|te

Wörter, bei denen nach einem kurzen Vokal nur ein **z** oder nur ein **k** zu hören ist, bilden den Doppelkonsonanten mit **tz** oder **ck**. → Kat|ze, De|cke

○ **13** **Schreibe die folgenden Zweisilber ab. Schreibe den ersten Vokal rot und den zweiten Vokal grün. Trenne die silben durch einen senkrechten Strich. Zeichne die Silbenbögen. Kennzeichne die betonte Silbe mit einem dicken Bogen.**

früher | Mühe | drohen | Reihe | wehen | glühen | sehen | Höhe | Nähe

frü|her ______________________________

____

◒ **14** **Trage nun die Zweisilber aus Aufgabe 13 in das Haus-Garage-Modell ein.**

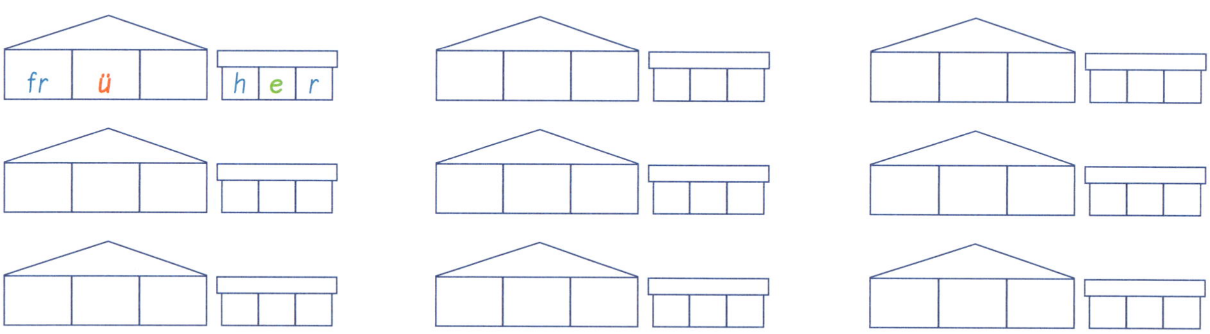

◒ **15** **Lies die linken Wörter im Haus-Garage-Modell. Ergänze dann rechts die Wörter mit Doppelkonsonantbuchstaben. Trage sie ins Modell ein. Markiere das Silbengelenk mit einem Kreis.**

bitten | Hütten | Ratten | wissen

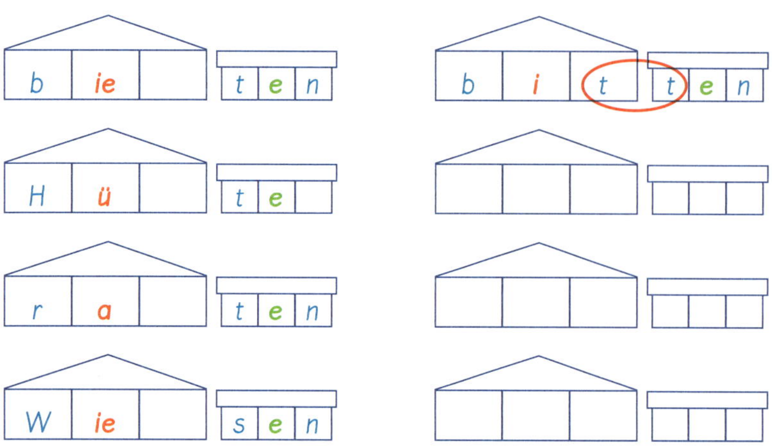

Seite 292

Merke

V20

Wörter mit dem s-Laut / Wörter mit i oder ie

Für die Wörter mit einem **s-Laut** gelten folgende Regeln:

- In den **meisten** Fällen steht ein **s.** → Hase
- Nach einem **kurzen Vokal** steht **ss** (s. Regel für Doppelkonsonanten). → Küsse
- Die wenigen Wörter mit **ß** muss man sich merken. Es gilt aber auch: **ß** steht nach einem langen Vokal. → Füße

Für die Wörter mit **i oder ie** gelten folgende Regeln:

- Ist die erste **Silbe geschlossen**, schreibt man **i**, denn der **Vokal** wird **kurz** gesprochen. → Kin|der
- Ist die erste **Silbe offen**, schreibt man **ie**, denn der **Vokal** wird **lang** gesprochen. → Rie|se

16 **Ergänze s oder ß in den Zweisilbern. Trage sie dann in das Haus-Garage-Modell ein.**

hei___en, Do___e, drau___en, Grä___er, drei___ig, Prei___e

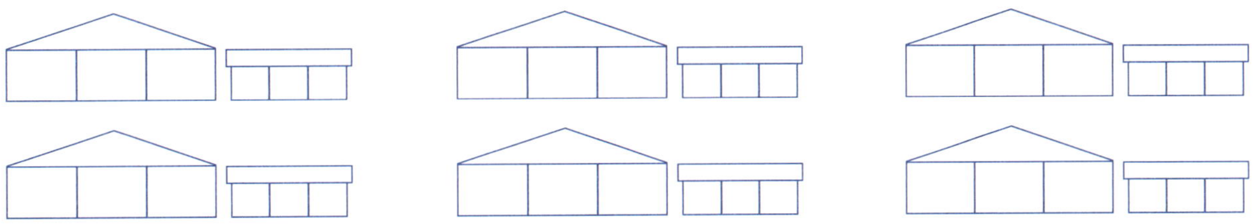

17 **Lies die Einsilber. Bilde aus ihnen verwandte Zweisilber.**

Tier | wiegt | tief

Tier – Tiere

18 **Trage nun die Zweisilber aus Aufgabe 17 ins Haus-Garage-Modell ein.**

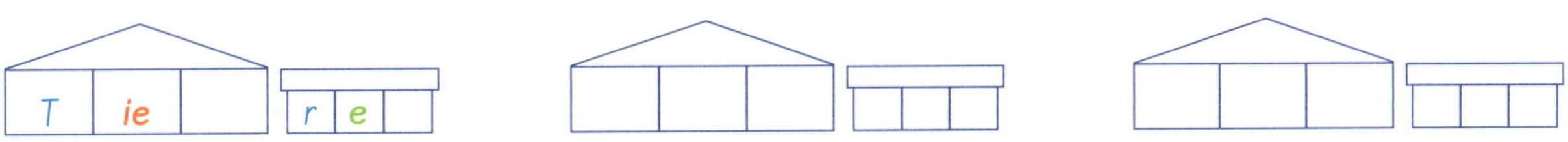

19 **Lies den Text und ergänze bei den Zweisilbern ie oder i. Wenn du unsicher bist, nutze das Haus-Garage-Modell.**

Wale werden durch G___fte im Wasser der Weltmeere bedroht. Kleine Wale und Delfine bleiben oft in Fangnetzen hängen. Durch die v___len Schiffe f___nden die Wale sich nicht mehr gut zurecht. Obwohl sie schon früh geschützt wurden, g___ngen die Bestände weiter zurück. In Zoos haben Delfine häufig nur kleine Becken und sie leiden unter den grellen L___chtern. Delfine sind w___lde T___re, die Platz brauchen. Eines der Z___le der Naturschützer war, die Delfine vor dem Tod in Fangnetzen zu schützen. Eine H___lfe sind besondere Fangnetze, durch die Delfine entkommen können. Gute Beisp___le sind die Schutzgeb___te für Wale.

Seite 291

Rechtschreibstrategie Ableiten

Merke

V21

Rechtschreibstrategie Ableiten

Will man wissen, ob ein Wort mit **e** oder **ä**, **eu** oder **äu** geschrieben wird, muss man **ableiten**. Findet man verwandte Wörter mit **a** oder **au**, dann schreibt man **ä** oder **äu**.
→ Wärme – warm, Träume – Traum

1 Lies den Text und beantworte die nachfolgenden Fragen in Stichworten.

A08

Sonderbare Eidechsen

Die heimischen Eidechsen nutzen Bahndämme und Waldränder als Lebensräume, einige mögen Laubwälder. Häufig sind sie an Berghängen anzutreffen. Manche leben an einem Gewässer. Eidechsen brauchen die Sonnenwärme. In den Nächten kühlen sie aus. Wenn sie morgens aus ihren Verstecken kriechen, suchen sie ihre Sonnenplätze auf. Sie benötigen die Sonne, um ihre Körpertemperatur zu verändern und sich beweglicher zu machen. Wenn die bräunlichen oder grünlichen Reptilien dann auf warmen Steinen liegen, kann es gefährlich für sie werden. Um Angreifer bei der Flucht zu täuschen, werfen sie manchmal ihre Schwänze ab. Es funktioniert, weil das Gewebe an dieser Stelle schwächer ist. Der Schwanz zuckt weiter und lenkt den Feind ab. Zum Glück wächst das Körperteil nach, wenn auch meist nicht auf die alte Länge. In einigen Fällen wird es nicht völlig abgetrennt und ein Stück bleibt erhalten. Trotzdem bildet sich ein zusätzlicher Schwanz. Das kann sogar mehrfach passieren. Dann läuft die Eidechse tatsächlich mit zwei oder mehreren Schwänzen herum.

Warum brauchen Eidechsen die Sonne? ______________________

Warum werfen sie den Schwanz ab? ______________________

2 Schreibe die Wörter mit **ä** aus dem Text jetzt heraus. Ergänze die Ableitungen und unterstreiche **ä** und **a**.

Bahndämme – Damm, ______________________

____

____

3 Im Text oben stehen auch einige Wörter mit **äu**. Notiere sie und ihre Ableitungen. Unterstreiche **äu** und **au**.

Lebensräume – Lebensraum, ______________________

____

____

4 äu oder eu? Ergänze die fehlenden Buchstaben in der Zeitungsmeldung.

Berlin – Hunde sind die besten Fr_____nde des Menschen. Sie sind tr_____ und echte Familienmitglieder. Sie gelten h_____fig als schick. Manche Hunde nehmen sogar an Schönheitswettbewerben teil. Wer in der Großstadt lebt und von einem Hund tr_____mt, sollte sich das h_____tzutage allerdings gut überlegen.

In einer Großstadt sind sehr viele Hunde unterwegs. Manche Hunde bellen daher ständig, statt fr_____ndlich an der Seite von Herrchen oder Frauchen Gassi zu gehen. Andere Hunde fühlen sich vor den Geschäften alleingelassen und h_____len. Und was passiert, wenn so ein Vierbeiner unter B_____men und Str_____chern sein Geschäft verrichtet? Hat sein Besitzer keinen B_____tel dabei, um das Ganze wegzur_____men, kann das richtig t_____er werden.

In New York muss man für so ein unbeseitigtes „H_____fchen" im Schnitt 1000 Dollar Strafe zahlen. Das sind umgerechnet 910 _____ro. Auch in D_____tschland gibt es Bestrebungen, die Strafe für zurückgelassene Hundeh_____fchen von derzeit ca. 75 _____ro zu erhöhen.

5 Trage ä ein, wenn es ein verwandtes Wort mit a gibt. Schreibe sonst e.

dr_ä_ngen, K_e_lche, sch____men, P____ndel, s____nken, D____mpfe, Schw____ne,

R____ntner, Sch____lm, w____lzen, verl____dt, schl____nkern, gl____nzen, gr____men

6 Unterstreiche die Wörter mit ä und äu, die sich NICHT ableiten lassen.

Dämmerung | Krämpfe | Schärfe | Gäule | räkeln | Ähre | grämen | Säule

kläffen | Krähe | Läuse | sägen | säen | Prägung | Knäuel | Säbel | Schächte

7 Schwierig wird es, ä/e oder äu/eu zu entscheiden, wenn sich die Wörter ähneln.
Setze die richtigen Buchstaben in die Lücken.

schw_ä_rzen	sch_e_rzen	M_____rz	H_____rz
Pf_____ffer	Kl_____ffer	P_____rle	S_____rge
Kr_____ter	L_____te	h_____te	H_____te
Kr_____mpfe	Kr_____mpel	Schl_____chter	schl_____chter

Seite 290

Rechtschreibstrategie Verlängern

Merke

V22

Rechtschreibstrategie Verlängern

Will man wissen, ob ein Wort **am Ende** mit **g** oder **k**, **b** oder **p**, d oder **t** geschrieben wird, muss man es **verlängern**. Beim deutlichen Sprechen kann man die richtige Schreibweise hören.

→ Berg → Berge / Gelenk → Gelenke, gib → geben / Typ → Typen, wild → wilder / bunt → bunter

1 **Verlängere die Wörter und finde so die richtige Schreibweise heraus. Ergänze die fehlenden Buchstaben. Schreibe das verlängerte Wort in die Klammern.**

1. b oder p?	2. g oder k?	3. d oder t?
das Lo b (loben)	das Wer__ (__)	der Hun__ (__)
gi__ es mir (__)	die Bur__ (__)	leich__ (__)
der Rau__ (__)	der Zwer__ (__)	lau__ (__)
das Kal__ (__)	der We__ (__)	die Wan__ (__)
das Gra__ (__)	das Wer__ zeu__	bun__ (__)
der Ty__ (__)	(__) (__)	gesun__ (__)
das Sie__ (__)	der Schla__ (__)	die Wu__ (__)

2 **Bei diesen Wörtern ist es noch etwas schwieriger, den richtigen Buchstaben herauszufinden. Wie kannst du dir hier helfen? Ergänze die fehlenden Buchstaben und notiere die verlängerten Wörter.**

Ber g spitze (Berge)	Han__werker (__)	Gol__sack (__)
Bur__tor (__)	Lan__schaft (__)	Ra__haus (__)
Krau__salat (__)	Wal__weg (__)	Ra__weg (__)

3 **Ergänze auch hier die fehlenden Buchstaben. Nutze die Rechtschreibstrategie Verlängern.**

Falsches Taxi

Sonnta__aben__ rau__te ein 54-jähriger Einbrecher – der Polizei bereits bekann__ – eine Wohnun__ am Stadtran__ aus. Bei Mon__lich__ stie__ er auf dem Rückwe__ in ein Taxi – in das falsche. Der Fahrer erkannte den Fahrgas__. Er hatte einen Ta__ zuvor ein wertvolles Wan__bil__ und Gel__ geraub__ und wurde bereits gesuch__. Die Polizei, die per Fun__ herbeigerufen wurde, nahm den Die__ fest.

4 Beim folgenden Text scheinen einige Buchstaben im Eis begraben zu sein. Schaffst du es trotzdem, den Text richtig zu lesen?

Ein sensationeller Fund

Der Tote liegt mit offenem Mun❄ in einer Spezial-Kühlbox in Bozen (Italien). Sein Fun❄ ist eine Sensation. Deshalb wir❄ er wie ein Heili❄tum behandelt. Seine Hau❄ ist lederarti❄. Knochen, Muskeln und Organe sind in gutem Zustan❄. Über fünftausen❄ Jahre lang la❄ der Tote im Eis eines Gletschers in den Ötztaler Alpen. Weil die Sonne star❄ brannte, schmolz der Ran❄ der Eisfläche. 1991 ga❄ der Gletscher die Mumie frei.
Ber❄wanderer fanden „Ötzi“ auf etwa 3200 Meter Höhe. Hier star❄ er im Monat September. Vielleicht wurde er an der Bergwan❄ von einem plötzlichen Wintereinbruch überrascht. Er muss ein mutiger Ty❄ gewesen sein. Sonst hätte er sich nicht allein in diese Eiswüste gewa❄t.

5 Trage die Wörter aus Aufgabe 5, bei denen Buchstaben fehlen, in die richtige Tabellenspalte ein. Suche jeweils eine verlängerte Wortform und ergänze den fehlenden Buchstaben. Schreibe das verlängerte Wort daneben.

b oder p?	d oder t?	g oder k?
______	*Mund – Münder*	*heilig – heilige*
______	______	______
______	______	______
______	______	______
______	______	______
______	______	______
______	______	______
______	______	______

6 Aus zwei mach eins! Markiere das b am Ende des Wortstammes.

kleben, der Stoff *der Klebstoff*

loben, das Lied ______

leben, der Kuchen ______

rauben, der Vogel ______

schreiben, der Tisch ______

schrauben, der Deckel ______

haben, die Gier ______

saugen, der Staub ______

7 g oder k? Setze ein.

auf der Ber__wiese lie__en, das Flu__zeu__ flie__t tä__lich nach Berlin, das richti__e Wer__zeu__ benutzen, ein klu__er Hund, ein verträ__licher Mensch

Seite 291

Rechtschreibstrategie Merken Ⓜ

Merke

Rechtschreibstrategie Merken Ⓜ

Wörter, bei deren Schreibung Rechtschreibstrategien nicht helfen, muss man im **Wörterbuch nachschlagen** oder sich **merken**.

Hilfe: Wörter aus einer Wortfamilie oder mit der gleichen Merkstelle **aufschreiben**.

○ **1** **Lies die Party-Einladung und unterstreiche Wörter mit besonderer Schreibung.**

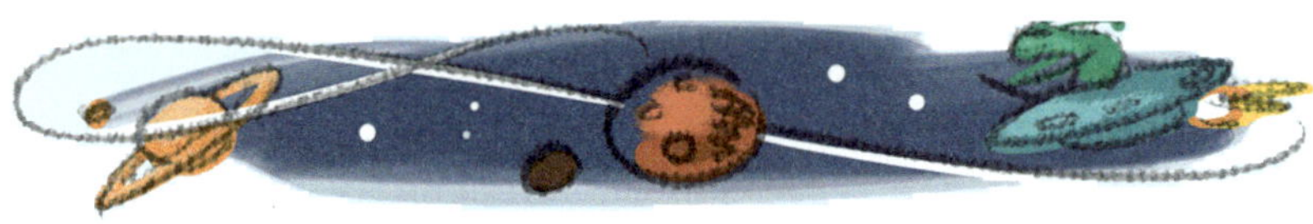

Der Mars lebt!
Liebe Faschingsfreunde
aus dem Universum!
Wir, die Außerirdischen aus der Galaxis der 5a, laden euch zu unserer Luxus-Faschingsparty ein. Sie soll am 26. Februar, 14.00 Uhr bis 18.00 Uhr im Lesesaal der See-Schule stattfinden.
1. Eingeladen sind: alle Narren und Närrinnen aus den 5. Klassen sowie Hexen, Nixen, Feen und Theaterkünstler aus den 6. Klassen und außerdem auch sechs sympathische Erwachsene
2. Zu essen gibt es: Echsen-Kekse, Wachs-Krapfen, Fuchs-Plätzchen, Jux-Brote und andere exotische Köstlichkeiten
3. Zu trinken gibt es: Beeren-Tee, Meerwasser-Kaffee, Boxer-Limo, Schnee-Milch und andere Mix- und Murksgetränke

○ **2** **Diese Wörter musst du dir einprägen. Trage die Merkwörter aus der Einladung in die Tabelle ein. Bei Zusammensetzungen schreibe nur das betreffende Wort.**

Wörter mit aa, ee, oo	Wörter mit ks-Laut (chs, x, ks, cks, gs)	Wörter mit y, th, ph, qu
der See	*die Galaxis, der Luxus*	*die Party*

Merke

Fremdwörter

Fremdwörter sind Wörter, die aus einer **anderen Sprache** übernommen wurden.
Sie unterscheiden sich von deutschen Wörtern durch ihre **besondere Aussprache** oder **Schreibung**. Man muss sie sich **merken**.
Fremdwörter erkennt man an:

- **bestimmten Buchstabenfolgen**
  → z. B. Atmosphäre, Theorie, Chor
- bestimmten **Buchstaben, die anders gesprochen werden** → z. B. Jeans, Friseur, Niveau
- **bestimmten Endbausteinen**
  → z. B. transportieren, Information.

3 **Ergänze in der Tabelle in Aufgabe 2 auch die folgenden Wörter mit Artikel.**

Achse | Alphabet | Apotheke | Beet | Examen | Ochse | Luchs | Paar | Praxis | Quadrat | Quark | Strophe | tragsüber | Waage | wachsen | Zoo | wechseln | Speer | Aal

4 **Mit welchen Buchstaben fangen die Wörter an? Verbinde die Wortteile auf den Fischen mit dem passenden Köder. Schreibe die Wörter auf. Schreibe die Substantive/Nomen mit Artikel.**

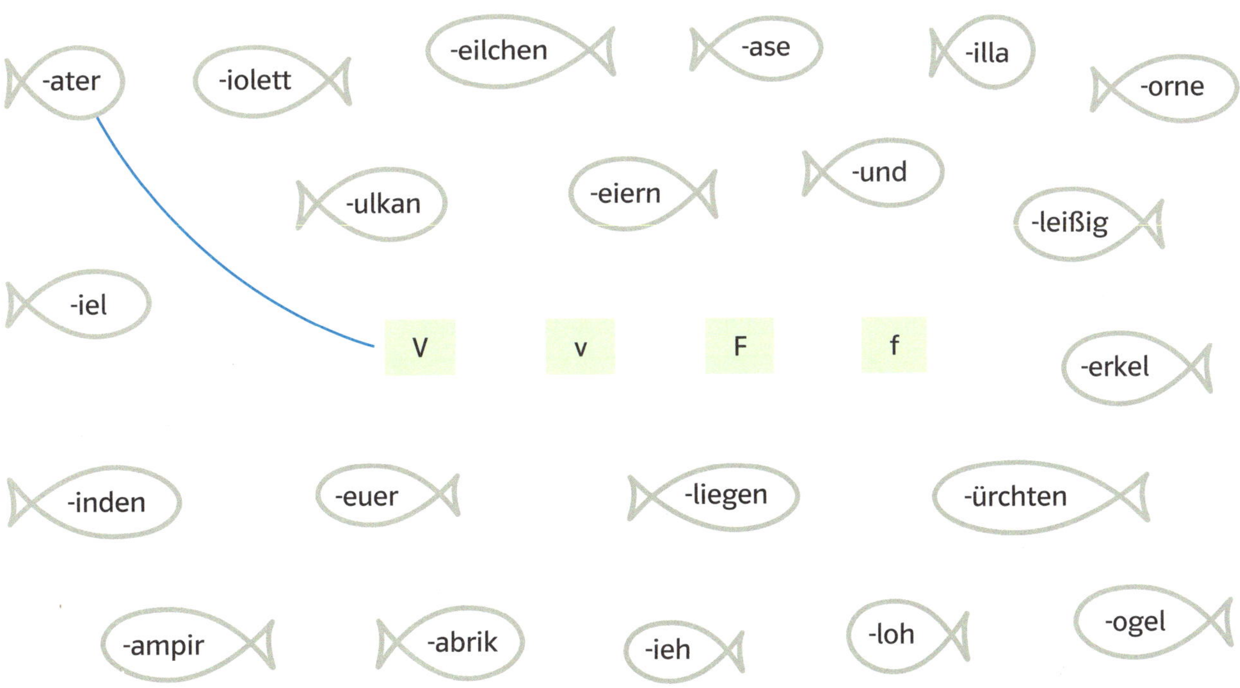

der Vater, ...

Seite 291

5 Lies und markiere jeweils den langen Vokal. Welche Wörter enthalten ein Dehnungs-**h**?

Gerät	streben	umkehren	Pfeifton	Laken
berühmt	nämlich	sie nahm	Rundfunkhörer	Steg
Düne	Bildröhre	Aufbewahrung	dämlich	
erleben	plagen	ernähren	Maisöl	

Wörter mit Dehnungs-h: ______________________________

6 Manche Wörter brauchen ein Dehnungs-**h**. Schreibe die gespiegelten Wörter richtig herum. Füge ein **h** ein, wo es nötig ist.

tiezlaM → Mahlzeit

hcublaM → ______________

mortS → ______________

ortS → ______________

ewnaZ → ______________

dlawrU → ______________

regiezrU → ______________

gatlaW → ______________

gnaflaW → ______________

! Merke

Dehnungs-h

Ein Dehnungs-h kann **nach einem langen Vokal** und vor **l**, **m**, **n** und **r** stehen.

Das Dehnungs-h bleibt im **Wortstamm** bei allen Wörtern einer **Wortfamilie** erhalten.
→ Zahlen, zahlreich, aufzählen

Sprachtipp

Sprich die Wörter laut mit.

7 Shirin hat letzte Woche auf dem Flohmarkt viele Dinge verkauft. Ergänze die Wörter in der richtigen Schreibweise. Wo brauchen wir kein Dehnungs-**h**?

Schreibmasch____ne	R____delschlitten	Müslisch____lchen
F____rradhelm	R____rschüssel	B____rmaschine
____lgemälde	Korkenz____her	Blumenv____se
Stadtpl____n	Wohnzimmergard____ne	Wollsch____l
Winterst____fel	T____gerfell	Bilderr____men

8 **Setze die richtigen Buchstaben ein. Du kannst ein Wörterbuch benutzen.**

a, aa oder ah?

den S_____l betreten, ein P_____r Schuhe, ein schm_____ler Weg, zum ersten M_____l allein verreisen, den Vorn_____men und den Familienn_____men angeben, ein Bild m_____len, den Stundenpl_____n abschreiben, die F_____rt unterbrechen, mit dem F_____rrad f_____ren, Kaffee m_____len, Z_____nschmerzen h_____ben, die Rechnung bez_____len

e, ee oder eh?

ein schw_____res Paket tragen, keinen F_____ler machen, in einem S_____ baden, eine rostige Sch_____re, nicht f_____len, M_____l abwiegen, im L_____rbuch nachl_____sen, aus dem Fenster s_____en

o, oo oder oh?

die Pers_____nen zählen, in einer Altbauw_____nung w_____nen, den Z_____ besuchen, mit dem B_____t über das Meer fahren, den T_____n angeben, innen h_____l sein, den Kranken sch_____nen, den Bruder abh_____len, er muss sch_____n gehen, die Sch_____nung darf nicht betreten werden

u oder uh?

sich auf einen St_____l setzen, mit Bl_____men schmücken, etwas G_____tes t_____n, den Fl_____r entlanggehen, die U_____r geht nach, mit einer Schn_____r zusammenbinden

ü oder üh?

das Geschirr sp_____len, einen Bl_____tenzweig in die Vase stellen, den Zaun gr_____n streichen, an einer F_____rung durch das Museum teilnehmen

ö oder öh / ä oder äh?

beim Fris_____r den F_____ erw_____nen, vor Langeweile g_____nen und st_____nen, den B_____ren mit M_____ren verw_____nen, durch lautes Dr_____nen auf b_____se Art st_____ren

9 **Auch die folgenden Wörter musst du dir merken. Setze ai oder ei ein. Das Wörterbuch darf helfen.**

Ein H_____ ist ein gefährlicher Raubfisch.

Ohne Fl_____ß kein Pr_____s.

Aus M_____s wird Popcorn gemacht.

Die Z_____t heilt alle Wunden.

Wenn zw_____ sich str_____ten, freut sich der Dritte.

Gitarren werden mit S_____ten bespannt.

Ein Buch hat viele S_____ten.

Rechtschreibstrategie Großschreibung

Arbeitstechnik

V23

Tests zum Erkennen von Nomen

1. Kann man das Wort mit einem **Artikel/ Pronomen** kombinieren? → der, die, das, eine, deine…
2. Lässt sich direkt vor das Wort ein **Adjektiv** setzen, das dabei verändert wird? → schöne Frage
3. Endet das Wort auf **-keit, -nis, -schaft, -ung, -heit, -tum**? → Achtsamkeit, Spülung, Dummheit

Kannst du eine oder mehrere Fragen mit „Ja“ beantworten, wird das Wort großgeschrieben.

!Achtung! Am Satzanfang werden alle Wörter großgeschrieben.

1 Lies den Märchenanfang.

Schneewittchen

Es war einmal mitten im Winter, und die Schneeflocken fielen wie Federn vom Himmel herab. Da saß eine Königin an einem Fenster, das einen Rahmen von schwarzem Ebenholz hatte, und nähte. Und wie sie so nähte und nach dem Schnee aufblickte, stach sie sich mit der Nadel in den Finger, und es fielen drei Tropfen Blut in den Schnee. Und weil das Rote im weißen Schnee so schön aussah, dachte sie bei sich: Hätt’ ich ein Kind, so weiß wie Schnee, so rot wie Blut und so schwarz wie das Holz an dem Rahmen! Bald darauf bekam sie ein Töchterlein, das war so weiß wie Schnee, so rot wie Blut und so schwarzhaarig wie Ebenholz und ward darum Schneewittchen genannt …

2 Nomen haben verschiedene Artikel und verschiedenes Geschlecht. Einige aber brauchen keinen Artikel. Trage die im Text rot markierten Wörter in die Tabelle ein, mit ihrem Artikel.

der → männlich	die → weiblich	das → sächlich

Arbeitstechnik

Treppen bauen

Eine **Wortgruppe mit einem Nomen** als Kern kann durch **Adjektive** zu einer **Treppe** erweitert werden. Das **Nomen** rutscht dabei immer weiter **nach rechts**:

der Schuh
der neue Schuh
der coole, neue Schuh

mit Helm
mit neuem Helm
mit coolem, neuem Helm

deine Technik
deine neue Technik
deine coole, neue Technik

Diese Technik kannst du anwenden, wenn du herausfinden willst, welches Wort ein Nomen ist: Es steht in der Wortgruppe immer ganz rechts.

3 **Im folgenden Text haben sich manchmal Adjektive zwischen den Artikel und das Nomen geschoben. Markiere jeweils den Artikel und sein dazugehöriges Nomen. Ergänze dann weitere Adjektive.**

Wohnraumprobleme?

Selbstverständlich wohnte damals ein echter Ritter auf einer richtigen Burg – so glauben viele. Doch das stimmt nicht. Denn um eine prächtige Burg zu bauen und Jahr für Jahr unterhalten zu können, musste man über eine enorme Menge Geld oder Besitz verfügen. Das aber taten die einfachen Ritter nicht. Die überwiegende Mehrheit von ihnen wohnte also einfach draußen auf dem Land, meist in einem bescheidenen Dorf, wie die oft armen Bauern.

ein echter, tapferer, tadelloser, geachteter Ritter

eine richtige, schöne...

4 **Dieser Text ist schwer zu lesen, weil die Großschreibung nicht stimmt. Versuche es trotzdem.**

merkmale von märchen

märchen lassen sich leicht an den immer wieder verwendeten formulierungen erkennen, die auch am anfang und am schluss stehen. zu beginn begeben sich die hauptfiguren oft von zu hause fort und wandern durch die welt. da begegnen sie häufig wesen mit magischen kräften – auch bösen gestalten. am ende siegt meist die gute seite. die märchen vermitteln die hoffnung, dass man auf das glück treffen kann – selbst wenn man vorher viele abenteuer bestehen und hindernisse überwinden muss.

5 **Unterstreiche jetzt alle Nomen, es sind 20. Schreibe den Text mit Großschreibung.**

Seite 292

Wörterbucharbeit

Arbeitstechnik

V24

Arbeiten mit dem Wörterbuch

Die **Wörter** in einem Wörterbuch sind nach dem **Alphabet** geordnet. Wenn der **Anfangsbuchstabe gleich** ist, sind die Wörter nach dem **zweiten Buchstaben** geordnet, dann nach dem **dritten** usw.

Vor dem Nachschlagen musst du das gesuchte Wort manchmal noch **anpassen**, denn im Wörterbuch stehen nur **Grundwörter**.

- Du suchst ein **Verb**. → Bilde den **Infinitiv**. (flog → fliegen)
- Du suchst ein **Nomen**. → Bilde den **Singular**. (Wälder → Wald)
- Du suchst ein **Adjektiv**. → Bilde die **Grundstufe**. (höher → hoch)
- Du suchst ein **zusammengesetztes Wort**. → Finde die **Grundwörter**. (Kastenform → Kasten + Form)

1 **Welches der folgenden Wörter ist richtig geschrieben? Unterstreiche es und schreibe es auf. Überprüfe die Schreibweise mithilfe eines Wörterbuches.**

(Spur) Fährte – Ferte – Färte *die Fährte*

Kanienchen – Kaninchen – Kaninschen ______

Renntier – Räntier – Rentier ______

Tiger – Tieger – Tihger ______

Aphotheke – Apotheke – Apoteke ______

Rhythmus – Rythmus – Rhytmus ______

zimlich – ziemlich – ziehmlich – zihmlich ______

vorwärtz – vorwärz – vorwärts – vorwerts ______

Teater – Theather – Theater – Teather ______

2 **Schlage die folgenden Wörter im Wörterbuch nach. Notiere die Seitenzahl und schreibe zu jedem Wort mindestens vier Wörter derselben Wortfamilie auf.**

Affe → Wörterbuchseite ______ zur selben Wortfamilie gehören:

______

______

Spinne → Wörterbuchseite ______ zur selben Wortfamilie gehören:

______

______

Schlange → Wörterbuchseite ______ zur selben Wortfamilie gehören:

______

______

3 Wie lautet das Lösungswort? – Ordne die folgenden Wörter alphabetisch und schreibe sie untereinander. Bei richtiger Reihenfolge ergeben die rot gedruckten Buchstaben das Lösungswort.

Gepa**r**d ____________

P**a**nda ____________

B**i**ber ____________

Drom**e**dar ____________

Alliga**t**or ____________

Schild**k**röte ____________

Ringelnatte**r** ____________

Leo**p**ard ____________

Lösungswort: _ _ _ _ _ _ _ _

4 Wörterbuchquiz – Nutze für die Beantwortung der Fragen ein Wörterbuch. Notiere auch die Seite, auf der du die Auskunft erhalten hast, z. B.

a Wie heißt der Plural von Kaktus? *Kakteen (Seite)* ____________

b Wie oft kann man das Wort Abend trennen? ____________

c Wie lautet das Perfekt von winken (ich habe ge…)? ____________

d Wie lautet das Perfekt von sinken (das Schiff ist ge…)? ____________

e Heißt es der, die oder das Radiergummi? ____________

f Mit d oder t? – En__führung, En__station? ____________

g Wie ist es richtig: Kathastrophe – Kattastrophe – Katastrophe – Kathastrofe?
Unterstreiche. (Seite ____) ____________

h Wie heißt der Plural von Globus? ____________

i Wie lautet das Präteritum von fahren (wir … gestern …)? ____________

____

j Wie ist es richtig: Flehdermaus – Fledamaus – Fledermaus? ____________

____

k Wie lautet die 3. Person Singular Präsens von erschrecken (er/sie er …)?

____

l Schreibt man „Er hat recht." oder „Er hat Recht."? ____________

m Heißt es korrekt „trotz dem schlechten Wetter" oder
„trotz des schlechten Wetters"?

____

Seite 261

Silbentrennung

Merke

Worttrennung am Zeilenende

Mehrsilbige Wörter trennt man nach Sprechsilben, die sich beim langsamen Sprechen von selbst ergeben. → Sil-ben-tren-nung

Einzelne Buchstaben werden nicht abgetrennt.
→ Über-see (nicht: Ü-bersee),
Olym-pia-dorf (nicht O-lympia-dorf)

Zusammengesetzte Wörter werden nach ihren Bestandteilen getrennt. → Schluss-szene, Glas-auge, Trenn-übung, See-elefant, Straußen-ei, Druck-erzeugnis

!Achtung!
pf, tz und **st** werden getrennt.
ch, ck, sch, ph und **th** werden nicht getrennt.

1 Schreibe den Tipp in richtiger Groß- und Kleinschreibung auf.

AMBESTENNURTRENNEN,WENNESÜBERHAUPTKEINENPLATZMEHRAMENDEDERZEILEGIBT.

2 Bei folgenden Wörtern sind die Silben vertauscht. Schreibe die Wörter richtig auf und trenne sie. Achte auf die Groß- und Kleinschreibung.

schetaSchul ckerDru ~~geAu~~ rigknusp stücksFrühei
zenkrat fenkämp leHanhüldy nasAna derlenKa

Au-ge,

3 Trenne die folgenden Wörter so oft wie möglich.

Silvesterkarpfen Knäckebrotkrümel Trockenfrüchte
Wackelpudding Kakaopulver Fischstäbchen
Blutorangeneis Mentholbonbons Astronautenkost

Sil-ves-ter-karp-fen

4 Bilde mit den folgenden Silben möglichst viele Wörter und schreibe sie auf. Streiche die verwendeten Silben durch. Achte auf die Groß- und Kleinschreibung.

the	mie	ma	tik	che	un	richt
ter	ler	spre	beits	ar	gramm	
cher	ma	pro	schü	bar	ber	rha

5 So hat der Computer getrennt. Berichtige die folgenden Trennungen so, dass Missverständnisse vermieden werden.

Blumento-pferde *Blumentopf-erde*

Schulk-inder

uns-icher

bein-halten

Bäcker-ei

Wachs-tube

Aussen-dung

Stiefel-tern

Schwimmen-te

Spargel-der

6 Wie würde der Computer die markierten Wörter der Ernährungsregeln trennen? Schreibe sie getrennt auf.

Ernährungsregeln

Esst immer so gesund wie möglich.
Ernährt euch stets mit viel Abwechslung.
Kaut ausgiebig und genießt die Mahlzeit.
Esst nicht zu stark gesalzen, sondern
würzt mit Kräutern und Gewürzen.
Achtet unbedingt auch auf die versteck-
ten Fette.

mög-lich

7 Welche Wörter im Text aus Aufgabe 6 können wir trennen? Welche nicht? Sprich alle Wörter deutlich in Silben. Schreibe sie anschließend so auf.

Er-näh-rungs-re-geln Esst im-mer

Seite 278–279

Eine Geschichte zu einem Bild schreiben

○ **1** Plane zu dem Bild mithilfe eines Erzählplans eine Erzählung. Notiere zu den folgenden Fragen Stichworte.

- **Einleitung**

Wer? ______________________________

Wie? ______________________________

Wo? ______________________________

Wann? ______________________________

Was? ______________________________

- **Hauptteil**

Was machen die Figuren?

____

____

____

Was passiert den Figuren?

____

____

____

Erzählschritt 1

Erzählschritt 2

Erzählschritt 3

- **Schluss**

Gibt es ein gutes oder ein schlechtes Ende?

Was passiert am Ende der Geschichte?

○ **2** Gib deiner Erzählung eine passende Überschrift.

○ **3** Schreibe deine Geschichte nun vollständig auf ein extra Blatt.

Tipp

Verwende unterschiedliche Satzanfänge, abwechslungsreiche Adjektive und treffende Verben.

Selbsteinschätzung

Was ist dir gut gelungen?

Wobei hattest du Probleme?

Seite 277

Eine Fantasiegeschichte schreiben

○ **1** **Schreibe eine spannende Fantasiegeschichte. Ordne die folgenden Stichworte in einer sinnvollen Reihenfolge.**

flackernder Lichtschein – Geräusche – Wind weht – zitternd – unter der Decke hervorschauen – allein zu Hause – Stille – lauschen – müde – Buch „Gruseltiere" – gähnen – sanftes Klopfen – Geräusche im Badezimmer – summende Melodien im Hintergrund – Bettdecke über den Kopf – Schatten an der Tür – spannende Geschichten – Montagabend – …

Montagabend – ______________________________

____

____

____

____

____

○ **2** **Schreibe zuerst die Einleitung.**

Wo? ______________________________

Wer? ______________________________

Was? ______________________________

____

____

○ **3** **Schreibe nun den Hauptteil. Ordne deine Ideen verschiedenen Erzählschritten zu und lass die Geschichte spannender werden.**

____

____

____

____

____

____

____

____

____

____

○ **4** **Schreibe jetzt den Schluss deiner Geschichte. Löse die Spannung auf.**

Tipp
Denke dir einen überraschenden Schluss aus.

○ **5** **Gib deiner Geschichte eine passende Überschrift.**

○ **6** **Wenn du deine Gruselgeschichte geschrieben hast, überprüfe sie mithilfe dieser Checkliste.**

Checkliste

Überprüfe: Hast du ...	**ja**	**nein**
... alle Wörter aus Aufgabe 1 verwendet?	☐	☐
... Spannung durch passende Adjektive, Verben und Satzanfänge aufgebaut?	☐	☐
... Gedanken und Gefühle beschrieben?	☐	☐
... die wörtliche Rede verwendet?	☐	☐
... einen überraschenden Schluss erfunden?	☐	☐
... eine passende Überschrift formuliert?	☐	☐
... das Präteritum verwendet?	☐	☐
... die Geschichte in Einleitung, Hauptteil und Schluss gegliedert?	☐	☐
... die Geschichte in Absätze eingeteilt?	☐	☐

○ **7** **Verbessere deine Geschichte mithilfe der Checkliste und schreibe sie noch einmal vollständig auf ein extra Blatt.**

Selbsteinschätzung

Was ist dir gut gelungen?

Wobei hattest du Probleme?

Seite 282

Einen Gegenstand beschreiben

Lacrosse: Ein Ballsport aus Nordamerika

Zehn gegen zehn Spieler kämpfen auf einem fußballfeldgroßen Rasen um einen kleinen Ball. Ziel ist es, möglichst viele Tore zu schießen. Gespielt wird mit einem kescherartigen Schläger. Die Spieler schleudern (passen) sich den Ball zu oder rennen mit dem Ball im Schlägerkorb.

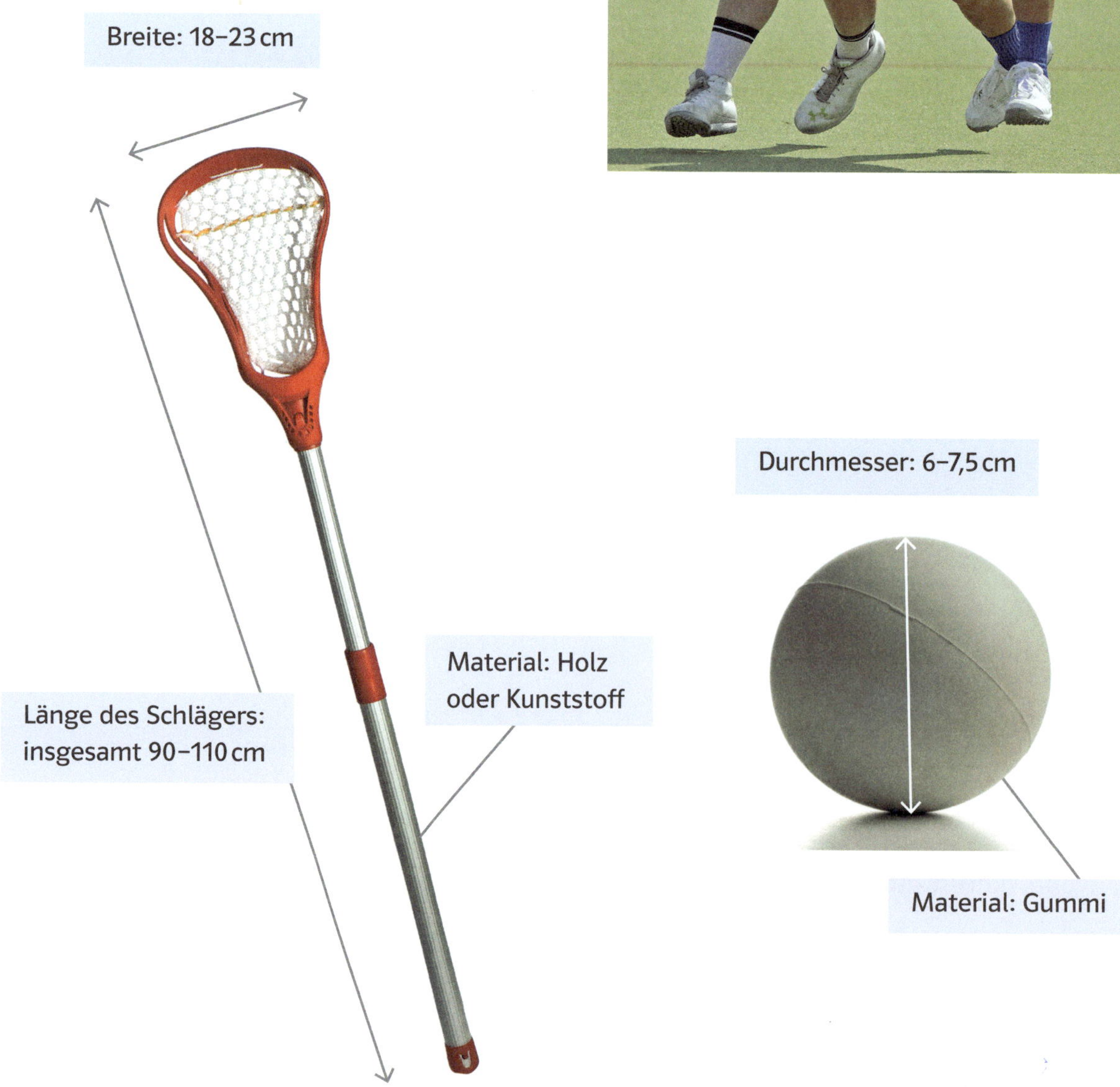

Kira war in den Sommerferien in Kanada und hat dort die Sportart Lacrosse kennengelernt. In einem Artikel für die Schülerzeitung möchte sie ihren Mitschülern diese Sportart vorstellen. Dafür muss sie auch die Ausrüstung genau beschreiben.

○ **1** **Ergänze mithilfe der Bilder die Cluster um weitere wichtige Merkmale.**

○ **2** **Schreibe stichwortartig die Eigenschaften von Schläger und Ball dazu.**

Form:

Lacrosse: Ausrüstung

Schläger

Ball

Material:

○ **3** **Verfasse nun mithilfe der Cluster eine Gegenstandsbeschreibung von Schläger und Ball. Verwende dafür den folgenden Anfang. Schreibe auf ein extra Blatt.**

> **Tipp**
>
> Achte auf einen klaren Aufbau deiner Beschreibung. Nutze unterschiedliche Verben. Schreibe im Präsens. Verwende möglichst genaue Adjektive.

Lacrosse

Die Sportart Lacrosse stammt aus Nordamerika. Sie wurde zunächst von amerikanischen Ureinwohnern gespielt und ist heute in Kanada ein wichtiger Nationalsport. Beim Lacrosse spielen zwei Mannschaften auf einem Spielfeld mit zwei Toren. Gespielt wird mit einem speziellen Schläger …

Selbsteinschätzung

Was ist dir gut gelungen?

Wobei hattest du Probleme?

Seite 283

Einen offiziellen Brief schreiben

1 Deine Klasse plant einen Ausflug ins Naturkundemuseum. Du sollst nun einen offiziellen Brief schreiben, in dem du folgende Informationen erfragst:
- Öffnungszeiten
- Eintrittspreise
- Gruppenführungen im Angebot
- Verpflegungsmöglichkeiten

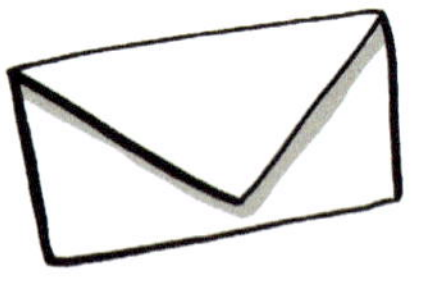

Notiere zuerst Stichworte dazu, warum du den Brief schreibst und welches Anliegen du hast.

2 Formuliere mithilfe deiner Stichpunkte aus Aufgabe 1 eine Anfrage an das Museum. Wähle eine angemessene Anrede und Grußformel.

3 **Überprüfe deinen offiziellen Brief anschließend mithilfe der Checkliste.**

Checkliste

Überprüfe: Hast du …	**ja**	**nein**
… Absender und Empfänger an der richtigen Stelle genannt?	☐	☐
… Ort und Datum hinzugefügt?	☐	☐
… eine höfliche Anrede- und Grußformel verwendet?	☐	☐
… nach allen angegebenen Informationen gefragt?	☐	☐
… den Brief mit deiner Unterschrift abgeschlossen?	☐	☐
… alle Anredepronomen großgeschrieben?	☐	☐

4 **Verbessere deinen Brief mithilfe der Checkliste. Schreibe ihn noch einmal auf ein extra Blatt.**

Selbsteinschätzung

Was ist dir gut gelungen?

Wobei hattest du Probleme?

Seite 264–266

Einen Sachtext lesen und verstehen

○ **1 Sieh dir das Bild an und überlege, worum es in dem Text unten gehen könnte.**

○ **2 Notiere, was du schon über Wölfe weißt.**

○ **3 Lies den Text sorgfältig durch.**

A09

In Europa gibt es nur wenige Wölfe. Häufig kommen sie dagegen in den Wäldern und Gebirgen Asiens und Nordamerikas vor.

Wölfe leben und jagen meist zu mehreren in Rudeln. Einzelgänger sind selten. Innerhalb eines Rudels hat jeder Wolf einen bestimmten Platz. Er hat einen Rang. An der Spitze steht der Leitwolf, danach folgt die Leitwölfin. Ihnen ordnen sich die anderen Wölfe unter.

Im Rudel herrscht eine Rangordnung. Die Wölfe eines Rudels sind jedoch zueinander meist recht freundlich. Streitigkeiten werden durch kurzes Knurren und Drohen geklärt. Die Mitglieder eines Rudels erkennen einander am Geruch, am Aussehen und am Heulen. Mit Heulen verständigen sie sich über weite Entfernungen.

Wölfe sind Hetzjäger. Das Wolfsrudel verfolgt und hetzt ein Beutetier so lange, bis es erschöpft zusammenbricht.

Wölfe werden 14 bis 16 Jahre alt. In einem Wolfsrudel bringt nur die ranghöchste Wölfin einmal im Jahr vier bis sechs blinde, hilflose Junge zur Welt. Sie werden zwei Monate lang gesäugt.

○ **4 Markiere maximal drei wichtige Wörter pro Absatz. Fasse dann jeden Absatz in einem Satz zusammen.**

○ **5 Welche der folgenden Aussagen sind richtig? Kreuze an.**

- ☐ Der Wolf lebt auch in den Wäldern Nordamerikas.
- ☐ Im Rudel herrscht keine Rangordnung.
- ☐ Mit Knurren und Drohen verständigen sie sich über weite Entfernungen.
- ☐ Wölfe sind Hetzjäger.
- ☐ Die Jungen werden zwei Jahre gesäugt.

○ **6 Verbessere die falschen Aussagen in ganzen Sätzen.**

____

____

____

____

____

____

◒ **7 Beantworte die folgenden Fragen in ganzen Sätzen.**

Wie sieht die Rangfolge in einem Wolfsrudel aus?

____

____

____

Wie werden Streitigkeiten geklärt?

____

____

____

Wer bringt wie viele Junge in welchem Zeitraum zur Welt?

____

____

Selbsteinschätzung

Was ist dir gut gelungen?

____

____

____

Wobei hattest du Probleme?

____

____

____

Seite 269

Ein Märchen lesen und verstehen

Der Wolf und die sieben jungen Geißlein

Es war einmal eine alte Geiß, die hatte sieben junge Geißlein. Eines Tages wollte sie in den Wald gehen und Futter holen, da rief sie alle sieben herbei und sprach: „Liebe Kinder, ich will hinaus in den Wald, seid auf eurer Hut vor dem Wolf." Die Geißlein sagten: „Liebe Mutter, wir wollen uns schon in acht nehmen." Da machte sich die Alte auf den Weg.

Es dauerte nicht lange, so klopfte jemand an die Haustüre und rief: „Macht auf, ihr lieben Kinder, eure Mutter ist da." Aber die Geißlein hörten an der rauen Stimme, dass es der Wolf war. Da ging der Wolf fort und kaufte sich ein Stück Kreide; die aß er und machte damit seine Stimme fein. Dann kam er zurück, klopfte an die Haustüre und rief: „Macht auf, ihr lieben Kinder, eure Mutter ist da." Aber der Wolf hatte seine schwarze Pfote in das Fenster gelegt, das sahen die Kinder und riefen: „Wir machen nicht auf, unsere Mutter hat keinen schwarzen Fuß wie du." Da lief der Wolf zum Müller und sprach „Streu mir weißes Mehl auf meine Pfote." Nun ging der Bösewicht zum dritten Mal zu der Haustüre, klopfte an und sprach: „Macht mir auf, Kinder, euer liebes Mütterchen ist heimgekommen." Die Geißlein riefen: „Zeig uns erst deine Pfote." Da legte er die Pfote ins Fenster, und als sie sahen, dass sie weiß war, machten sie die Türe auf. Wer aber hereinkam, das war der Wolf. Sie erschraken und wollten sich verstecken. Aber der Wolf fand sie alle. Eins nach dem anderen schluckte er in seinen Rachen; nur das jüngste, das fand er nicht. Dann trollte er sich fort, legte sich draußen unter einen Baum und fing an zu schlafen.

Nicht lange danach kam die Geiß aus dem Walde wieder heim. Sie suchte ihre Kinder, aber nirgend waren sie zu finden. Sie rief sie nacheinander bei Namen, aber niemand antwortete. Endlich als sie an das Jüngste kam, da rief eine Stimme: „Liebe Mutter, ich stecke im Uhrkasten." Sie holte es heraus, und es erzählte ihr, dass der Wolf gekommen wäre und die anderen alle gefressen hätte. Endlich ging sie hinaus. Als sie auf die Wiese kam, so lag da der Wolf an dem Baum und schnarchte. Sie sah, dass in seinem Bauch etwas zappelte. Da musste das Geißlein nach Hause laufen und Schere, Nadel und Zwirn holen. Dann schnitt sie dem Ungetüm den Wanst auf, und so sprangen nacheinander alle sechse heraus. Das war eine Freude! Die Alte aber sagte: „Jetzt geht und sucht Wackersteine, damit wollen wir dem gottlosen Tier den Bauch füllen." Da schleppten die sieben Geißlein die Steine herbei und steckten sie ihm in den Bauch. Dann nähte ihn die Alte in aller Geschwindigkeit wieder zu.

Als der Wolf endlich ausgeschlafen hatte, wollte er zu einem Brunnen gehen und trinken. Und als er an den Brunnen kam und sich über das Wasser bückte und trinken wollte, da zogen ihn die schweren Steine hinein, und er musste jämmerlich ersaufen.

○ A10

1 **Lies das Märchen „Der Wolf und die sieben Geißlein". Notiere alle Handlungsorte, die im Märchen vorkommen, und halte in Stichworten fest, was dort jeweils geschieht.**

○ **2** Notiere, welche Märchenmerkmale in dem Märchen vorkommen.

○ **3** Erkläre mit eigenen Worten, wie es dem Wolf gelingt, die Geißlein zu täuschen.

○ **4** Im Märchen kann sich nur das kleinste Geißlein verstecken. Denke dir ein anderes Versteck aus. Schreibe aus Sicht eines Geißleins, wie es sich vor dem Wolf versteckt.

Selbsteinschätzung

Was ist dir gut gelungen?

Wobei hattest du Probleme?

Seite 284–285

Nomen, Adjektive, Pronomen

○ **1 Welche drei Hauptwortarten kennst du? Notiere sie als Überschriften in der Tabelle. Ordne dann die Wörter ihrer Wortart zu.**

Frühling | rodeln | frieren | Sommer | blühen | weiß | Jahreszeit

braun | grün | glatt | kalt | ernten | Winter | baden | Herbst

○ **2 Ergänze die Artikel im Singular sowie die fehlenden Formen der Nomen.**

bestimmter Artikel	unbestimmter Artikel	Nomen im Singular	Nomen im Plural
das		*Meer*	
		Muschel	
	eine		*Dünen*
		Strand	

○ **3 Ergänze die Sätze und füge die Fragen hinzu.**

Nominativ:

Der Hase springt in die Höhe. (der Hase)

(Wer oder was?) *Wer springt in die Höhe?*

_______________ bellt laut. (ein Hund)

_______________?

Dativ:

Das Blumenbeet gefällt _______________. (der Großvater)

(Wem?) _______________?

Die Sonnenbrille gehört _______________. (die Nachbarin)

_______________?

Akkusativ:

Klaus kauft ______________________. (ein Hammer)

(Wen oder was?) ____________________?

Die Mutter ruft ____________________. (das Kind)

____?

○ **4 Finde die passenden Adjektive.**

Wer Mut hat, ist *mutig*.

Eine Frucht, die Gift enthält, ist ____________.

Ein Palast, der einem König gehört, ist ein ____________ Palast.

Wer Hunger und Durst hat, ist ____________ und ____________.

Was im Gegensatz zueinander steht, ist ____________.

Was niemals zu Ende geht, ist ____________.

○ **5 Ergänze die fehlenden Steigerungsformen.**

Positiv	Komparativ	Superlativ
schnell		
	besser	
		am kleinsten
	tiefer	

○ **6 Lies den Brief und ergänze die folgenden Pronomen.**

eurer | ihn | wir | euer | er | euch | ihr | uns | euren | ihm | mir | euch

Liebe Mara, lieber Gopal,

ganz liebe Grüße aus der Ferienfreizeit sendet __________ Lilly. Mit __________ sind hier viele Kinder, __________ haben viel Freude beim Baden und Schwimmen. Gestern haben wir einen langen Ausflug zum Hafen gemacht, haben __________ die Schiffe angesehen und sind hinterher mit der Fähre über den Sund gefahren.

Aber wie geht es __________ denn überhaupt? Seid __________ zu __________ Groß-eltern nach Köln gefahren? Ist __________ Opa noch im Krankenhaus? Ihr hattet erzählt, dass es __________ nicht gut geht. Habt ihr __________ im Krankenhaus besucht? Hoffentlich wird __________ bald wieder gesund.

Ich hoffe, ihr habt trotzdem schöne Ferien.

Liebe Grüße von __________ Lilly

Seite 286–287

Präpositionen, Verben

○ **1 Schreibe unter jedes Bild, wo sich die Möwe befindet.**

über dem Schiff ______ ______ ______ ______

○ **2 Formuliere aus den Stichwörtern Fragen und beantworte diese. Verwende dazu die folgenden Fragewörter. Unterstreiche dann die Präposition in der Antwort.**

Worüber | ~~Wofür~~ | Worauf

(Toni/ausgeben/Geld)

Frage: *Wofür gibt Toni sein ganzes Geld aus?*

Antwort: *Er gibt sein ganzes Geld für Süßigkeiten aus.*

(Katja und Tim/sprechen/in der Pause)

Frage: ______

Antwort: ______

(Max/sich freuen/die ganze Woche)

Frage: ______

Antwort: ______

○ **3 Notiere jeweils die Grundform des Verbs, also den Infinitiv.**

1. sie ist geschwommen: ______
2. ich tauche: ______
3. er fuhr: ______
4. du schnorchelst: ______
5. wir entdeckten: ______
6. ihr reist: ______
7. es sank: ______
8. sie sind: ______

○ **4 Bilde zu den Infinitiven die angegebenen Personalformen.**

1. schlafen → 1. Pers. Singular ______
2. träumen → 2. Pers. Singular ______
3. aufwachen → 3. Pers. Singular ______
4. frühstücken → 1. Pers. Plural ______
5. trinken → 2. Pers. Plural ______
6. lachen → 3. Pers. Plural ______

○ **5 Was machen die Personen? Setze die richtige Form des Verbs ein.**

malen: Der Clown ____________ ein Plakat.

essen: Der Junge ____________ Spaghetti.

rufen: Die Mutter ____________ aus dem Fenster.

spülen: Der Vater ____________ das Geschirr.

rennen: Die Kinder ____________ über die Straße.

denken: Das Mädchen ____________ an ein Auto.

○ **6 Schreibe die Sätze aus Aufgabe 5 jetzt in der Vergangenheit. Verwende das Präteritum.**

Der Clown malte ein Plakat.

____

____

____

○ **7 Vervollständige die Sätze im Perfekt. Entscheide beim Hilfsverb: haben oder sein?**

1. Ich ______________ am Hafen auf Tina ______________ (warten).
2. Du ______________ zum Strand ______________ (gehen).
3. Siggi und Tina ______________ den ganzen Tag ______________ (schwimmen).
4. Ihr ______________ das Segel ______________ (setzen).
5. Wir ______________ stundenlang durch die Wellen ______________ (gleiten).

◒ **8 Ergänze hier die fehlenden Verbformen.**

Infinitiv	Präsens	Präteritum	Perfekt
schreien	*er schreit*	*er*	*er*
	sie	*sie rief*	*sie hat gerufen*
bleiben	*es*	*es*	*es*
	sie	*sie schwieg*	*sie*
genießen	*er*	*er*	*er hat genossen*
	sie vergisst	*sie*	*sie*
	er denkt	*er*	*er*

Seite 288–289

Satzglieder, Satzarten

○ **1 Lies den folgenden Text und markiere die Satzglieder mit drei verschiedenen Farben: alle Subjekte, alle Prädikate, alle Objekte.**

Der geheimnisvolle Brief

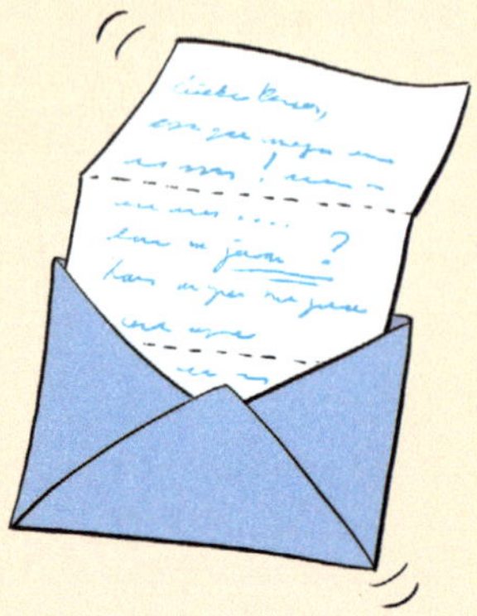

Wendy und Mattes haben einen Brief bekommen. Jetzt sind sie sauer. Ausgerechnet in den Ferien sollen sie ihre Tante Antonia besuchen. Die Tante braucht ihre Hilfe. Tantes Hund Derrick spielt eine wichtige Rolle. Er hat leider etwas Wichtiges zerrissen. Aber die ganze Geschichte verrät die Tante noch nicht. Der Brief klingt seltsam. Können die Kinder ihrer Tante glauben? Früher hat Tante Antonia den beiden schon so oft Rätsel und Gruselmärchen erzählt.

Aber Wendy und Mattes wünschen sich auch ein Abenteuer. Sie entscheiden sich für die Reise. Diese Mission könnte doch auch Spaß machen. Das Geheimnis macht ihnen keine Angst, aber große Neugier.

○ **2 Verändere in den ersten vier Sätzen des Textes in Aufgabe 1 die Subjekte, ersetze sie durch andere Wörter. Schreibe die neuen Sätze auf.**

Die Kinder haben einen Brief bekommen.

____

____

____

○ **3 Ordne die folgenden Prädikate den Subjekten zu. Ergänze sie in der passenden Form.**

begrüßen | hinausrennen | verbringen | herumtollen | lieben

a Wendy und Mattes ______________ die Ferien bei ihrer Tante Antonia.

b Die Tante ______________ ihren Hund Derrick.

c Derrick ______________ oft im Haus und Garten ______________.

d Die Kinder ______________ den Hund und ______________ mit ihm ______________.

○ **4 Ergänze in den Sätzen die folgenden Objekte in der richtigen Form.**

die Kinder | der Fuchs | die Tante | Hundefutter

a Tante Antonia kauft im Supermarkt ________________________.

b Derrick gehorcht ________________________.

c Die Kinder helfen ________________________ beim Kochen.

d Sie sehen ________________________ durch den Garten schleichen.

○ **5 Schreibe aus dem Text je zwei Fragesätze und zwei Ausrufesätze heraus und markiere die Satzzeichen.**

Was denkt ihr, sind neue Feiertage nötig? Sollten alle Kinder auch an einem muslimischen Feiertag schulfrei haben? „Na klar!“, meint Oli, der die fünfte Klasse besucht. Und was ist mit den jüdischen Festen? „Die wollen wir natürlich auch“, sagt Kenan. Schulfrei am Zuckerfest oder Versöhnungsfest oder sogar an beiden Tagen? Auch wenn die Erwachsenen vielleicht anderer Meinung sind, für die Kinder steht fest: „Man muss die Feste feiern, wie sie fallen!“

○ **6 In dem folgenden Rezept fehlen die Satzschlusszeichen. Ergänze sie.**

Mumien zu Halloween

Habt ihr Appetit auf Mumien___ Los geht's___ Ihr schneidet Pizzateig in Streifen und wickelt sie um Würstchen___ Einen Streifen klebt ihr längs und oben lasst ihr einen Sehschlitz für die Augen frei___ Dann ab in den Ofen___ Bei den ausgekühlten Mumien klebt ihr mit etwas Ketchup die Augen in den Sehschlitz___ Guten Appetit___

○ **7 Formuliere die Sätze um – den ersten in einen Aussagesatz, den zweiten in einen Aufforderungssatz, den dritten in einen Fragesatz. Markiere die Verbformen.**

a Brauchen die Buddhisten auch einen Feiertag in der Schule?

b Man sollte in der Schule über die verschiedenen Bräuche sprechen.

c Mehr schulfreie Tage sind nötig!

○ **8 Entscheide, welches Satzzeichen an den markierten Stellen am besten passt.**

a „Oma, die Trommel war das schönste Weihnachtsgeschenk___“ „Ach, wirklich___“, freut sich Oma.
„Ja, Mama gibt mir jeden Tag einen Euro, damit ich aufhöre, zu spielen___“

b Oma zu Anni: „Wünsche dir zu Weihnachten doch ein schönes Buch___“
Gut, dann wünsche ich mir dein Sparbuch___“

Seite 289

Satzzeichen, wörtliche Rede

○ **1 Entscheide hier, welche Kommas falsch gesetzt sind. Streiche sie durch.**

A Ob Geburtstag, Halloween oder Karneval: Feiern macht jedem Spaß.
B Man benötigt jede Menge Leckereien, ein ausgefallenes Kostüm, und ein bisschen gute Laune.
C Weil es eine Schatzsuche, und Preise geben soll, müssen wir einiges vorbereiten.
D Außerdem wichtig für eine gelungene Party sind ein bunt, geschmückter Raum, ausreichend, vorhandenes Geschirr, und natürlich Musik, und Spielideen.

○ **2 Kati schreibt ihrem Bruder einen Einkaufszettel. Setze alle fehlenden Kommas.**

Lieber Lars kannst du für mich noch einige Sachen besorgen? Ich brauche: Eier Sahne Mehl Glasur und Lebensmittelfarbe eine große Packung Schokoküsse bunte Ballons oder eine Girlande und 11 Kerzen!

○ **3 Markiere hier die Konjunktionen, welche Hauptsatz und Nebensatz verbinden.**

Auf dem Notizblock entdecken Wendy und Mattes zwei Telefonnummern, weil jemand beim Schreiben fest aufgedrückt hat. Die beiden Kinder finden heraus, dass es die Telefonnummern des Försters und des Verkäufers sind. Sie rufen den Förster an, damit sie selbst in das Spiel eingreifen können. Der Förster gesteht sofort, da ihm alles schon sehr unangenehm ist. Er will es Tante Antonia heimzahlen, indem er jetzt den Kindern hilft. Weil die Kinder ihn darum bitten, wird er Beppo für kurze Zeit verstecken.

○ **4 Wendy und Mattes versuchen immer noch, das Geheimnis der Briefe zu lüften. Darum suchen sie im ganzen Haus nach Hinweisen. Verbinde hier die beiden Hauptsätze mit einer passenden Konjunktion.**

und | oder | aber | sondern | denn

Die Kinder werden etwas finden. Sie gehen planvoll vor.

____

____

Das Haus ist ziemlich groß. Sie teilen sich die Zimmer auf.

____

____

Sie entdecken den Geheimcode. Sie finden den Notizblock.

____

____

Es gab keine Gefahr für Beppo. Es ist ein Spiel.

____

____

Sollen sie nur mitmachen? Sollen sie selbst das Spiel bestimmen?

____

____

○ **5 Markiere in den Sätzen die wörtliche Rede grün und den Begleitsatz gelb.**

a „Erik“, fragt Anna, „kommst du mit?“ ____________________

b „Wir müssen los, wenn wir nicht zu spät kommen wollen!“ ____________________

c Erik brummelt: „Ich hab keine Lust!“ ____________________

d „Außerdem bin ich müde.“ ____________________

e „Du bist so gemein! Immer lässt du mich im Stich!“, schimpft Anna. ____________________

f „Warum musst du ausgerechnet zum Fasching schlechte Laune haben?“ ____________________

g „Das“, raunt Erik, „geht dich gar nichts an.“ ____________________

○ **6 Setze im folgenden Text die Zeichen der wörtlichen Rede und die Kommas ein. Unterstreiche dann die Begleitsätze.**

Ein Mann kam an einer Schlange vorbei, auf die ein großer Stein gefallen war. Die Schlange flehte___Hilf mir doch bitte. Ich werde sonst sterben.___Der Mann hob den Stein auf und die befreite Schlange wollte ihn beißen.___Halt___rief da der Mann___Lass uns erst zu klugen Leuten gehen.___Sie trafen den Schakal. Nachdem er die Geschichte erfahren hatte, meinte er___Ich kann mir gar nicht vorstellen, dass so eine Schlange unter einem großen Stein nicht mehr herauskommt. Ich kann euch nur einen Rat geben___erklärte er___wenn ich es selbst sehe___

So beschlossen sie, an die Stelle zurückzukehren. Als der Mann die Schlange dann mit dem großen Stein bedeckt hatte, riet der Schakal___Lass sie liegen. Sie wollte dich ja beißen. Soll sie doch allein rauskommen.___

Seite 290–292

Rechtschreibstrategien

○ **1 Lies den Text „Das süße Museum".**

Das süße Museum

Wenn die Reise nach Köln geht, sollte man das Schokoladenmuseum besuchen. Jeder bekommt zur Begrüßung kleine Täfelchen aus feinster Schokolade, die man sofort genießen kann. Besonders beeindruckend ist der drei Meter hohe Schokoladenbrunnen. Der Duft steigt gleich in die Nase. An dem riesigen Brunnen werden Waffeln verteilt, die vorher in die heiße Soße getaucht werden. Wer will, kann sich einer Führung anschließen. Besucher lernen den Weg des Kakaos vom Anbau über die Ernte bis hin zum rohen Kakao kennen. Danach können sie sich in der gläsernen Schokoladenfabrik anschauen, wie Schokotafeln entstehen. Sie stoßen auf Formen von kleinen und großen Hasen. Um die Figuren herzustellen, gießen die Mitarbeiter flüssige Schokolade in die Formen. Am Ende lassen sich viele Besucher noch Schokoladentafeln anfertigen.

○ **2 Folgende Zweisilber stehen alle oben im Text. Schreibe den ersten Vokal rot und den zweiten grün. Trenne die Silben durch einen senkrechten Strich. Zeichne dann die Silbenbögen.**

süße | Reise | Nase | heiße | Soße | stoßen | großen | Hasen | gießen

sü | ße ______________________________

◒ **3 Setze die fehlenden Laute ein. ä oder e, äu oder eu?**

Schon seit vielen N___chten schl___ft Leo schlecht. Fast t___glich tr___mt er davon, einen Einbaum zu besitzen. Schließlich h___lt er es nicht m___hr aus. Mit zwei Eisen___xten in den H___nden l___ft er mit seinem Fr___nd Milan in die W___lder der Umg___bung und betrachtet alle B___me. ___ndlich gef___llt den beiden Jungen eine m___chtige Eiche. Sie f___llen den Baum. Anschließend hacken sie alle ___ste ab. Leo holt glühende Holzkohle von der F___erst___lle, um damit den Stamm auszuhöhlen. Am ___nde s___bern Leo und Milan das Boot gründlich.

Jetzt kann das Abent___er beginnen. Die beiden sind noch etwas ___ngstlich, denn es ist schw___r, einen Einbaum zu st___ern. Aber beide üben kr___ftig, und langsam h___lt j___der das Gleichgewicht.

○ **4 Hier ist einiges unklar. Verlängere die Wörter. Setze dann den richtigen Buchstaben ein.**

1. defek *d/t?* ________________________ Seit die Monster eingezogen sind, ist alles defek___.
2. Ban *g/k?* ________________________ Man kommt seitdem nur schwer in die Ban___.
3. Bran *d/t?* ________________________ Der Bran___ wurde durch das Monster verursacht.
4. Die *b/p?* ________________________ War das Monster der Die___?
5. Werkzeu *g/k?* ________________________ Wo ist das Werkzeu___?
6. hal *b/p?* ________________________ Monster essen alles nur hal___ auf.

◒ **5 Lies den Text. Verlängere die unfertigen Wörter im Kopf und setze die fehlenden Buchstaben ein.**

Jeden Aben____ vor dem Schlafengehen ba____ Tim seinen Vater, ihm eine Geschichte vorzulesen. „Was soll ich denn lesen?“, fragte Tims Vater häufi____. „Na die Monstergeschichte über den geheimnisvollen Die____“, schlu____ Tim jedes Mal vor. Tims Vater schmunzelte, nahm das Buch in die Han____ und begann zu lesen. Tim zo____ die Decke hoch und sah seinen Vater erwartungsvoll an. Angs____ brauchte er aber nicht zu haben, denn die Monster waren nicht gruseli____, sondern selbst etwas ängstli____. Und weil die Erzählung darum sehr lusti____ war, fan____ auch Tims Vater die Monstergeschichte gar nicht blö____.

◒ **6 In den folgenden Abenteuerbericht haben sich einige Fehler eingeschlichen. Markiere sie farbig und korrigiere sie.**

Heute Nachmittak (g) bin ich in unserer Nähe mit einem Heißlufdballon (t) gefahren. Bevor wir starteten, rollte der Pilot die Hülle des Ballons aus. Mit einem Gebläse füllte er sie mit erwärmter Luft, sodass sich der Ballon erhop.
Als er aufrecht stand, konnten wir in den Korp klettern.
Nun bewegte sich der Ballon lanksam in die Höhe. Schon nach wenigen Minuten befant er sich über Wald und Felt.
Wenn er sank, gab der Pilot gleich stark Gas. Gemütlich flog der Ballon über das herpstlich bunte Lant. Was für ein Blick auf die Weld unter uns! Meine Schwester erspähte mit ihrem Atlerauge sogar unsere Heimatstadt in der Ferne. Von oben sah diese richtig hüpsch aus.
Plötzlich zog der Pilot an einem Seil. Nun ging es hinap. Bei der Landung erlepten wir eine Überraschung, denn der Korb schluk um. Da kippte die ganze Truppe auf die Erde.

TEST 6

Rechtschreibstrategien und -regeln

1 Setze hier den richtigen i-Laut ein: i oder ie oder ih?

Einmal war Marit und Johannes ein ____gel zugelaufen. Sie waren der festen Meinung, dass er eine „S____" sei, und nannten ____n daher Sab____ne. Sab____ne machte einen h____nfälligen Eindruck. „Komm", r____f Marit, „w____r füttern ____n mit Apfels____nen!" Johannes meinte: „D____r schmeckt das v____lleicht, aber ____r doch nicht." „____m oder ____r?", fragte Marit, die noch nicht zur Schule ging, verunsichert ____ren großen Bruder. „Sab____ne natürlich", antwortete Johannes souverän. Marit überlegte, wie v____le K____lo Sab____ne wohl w____gen würde.

2 Löse das Rätsel. Trage die Nomen mit Dehnungs-h ein.

Wer kräht auf dem Mist?
_ _ _ _

Auf den Straßen staut sich manchmal der …
_ _ _ _ _ _ _

Womit kann man beißen?
_ _ _ _ _

1, 2, 3, 4, 5 sind …
_ _ _ _ _ _

Wo hält der Zug?
_ _ _ _ _ _ _

Was weht am Mast?
_ _ _ _ _

Was schickt die Sonne auf die Erde?
_ _ _ _ _ _ _ _

12 Monate sind ein …
_ _ _ _

3 Haben folgende Wörter vor dem s-Laut einen langen oder kurzen Vokal? Ordne sie zu.

~~Fass~~ ~~Maßband~~ Strauß Kissen Straße Schüssel Fuß Tasse

langer Vokal vor s-Laut	kurzer Vokal vor s-Laut
Maßband	*Fass*

4 Setze die s-Laute richtig ein.

Für die mei___ten Leute sehen Flu___pferde mit ihrem ma___igen Körper, dem gro___en Kopf und den kleinen Ohren spa___ig aus. Tagsüber, wenn es hei___ ist, bleiben sie mei___t im kühlen Na___ und ernähren sich von Wa___erpflanzen. Nachts jedoch verla___en sie das Gewä___er, um sich au___erhalb weitere Nahrung zu suchen. Wenn so eine Herde in Plantagen eindringt, ist der Spa___ vorbei.

○ **5 Trage die folgenden Wörter in korrekter Schreibung ein.**

e/Erfinden | u/Umsatz | b/Bustickets | s/Spiele | b/Besucht | z/Zuschauer | e/Einkaufen | s/Spaß | v/Veranstalter

Mini-München wurde wieder gut ______________. In diesem Jahr haben die ______________ zahlreiche ______________ verkauft und Fahrgäste transportiert. Im Spielehaus konnte man viele ______________ testen oder ______________. Kinder erstellten Trickfilme und freuten sich über begeisterte ______________. Verkaufen oder ______________ machte großen ______________ und das Kaufhaus hatte einen hohen ______________.

○ **6 Setze richtig zusammen und schreibe die Wörter.**

~~Him-~~ | ~~-beere~~ | Ruder- | -kanne | Märchen- | -mann | See- | -wurf | Schnee- | -waage | -fee | -Speer | -bürste | Staats- | -rose | Klee- | Brief- | -boot | Liebes- | -grün | Haar- | -saal | Tee- | -mann | Moos- | -paar | Ball- | -blatt

Himbeere, ____

____

____

____

____

○ **7 Richtig oder falsch? Suche die Wörter im Wörterbuch und unterstreiche die richtige Schreibweise.**

Kanienchen – Kaninchen – Kaninschen

Kackadu – Kakahdu – Kakadu

Anthilope – Antilope – Antielope

Bieson – Bisonn – Bison

Flehdermaus – Fledermaus – Fledamaus

Nasorn – Nahshorn – Nashorn

Textquellennachweis

20 Brief W. A. Mozart. Aus: Liebste Mutter. Briefe berühmter Deutscher an ihre Mütter. Hrsg. v. Paul Elbogen. E. Rowohlt Berlin 1929, S. 43 f.; **22** Barbara Kiesewetter: Mustela erminea. Hermelin. (27.10.2020) Unter: https://www.kindernetz.de/wissen/tierlexikon/steckbrief-hermelin-100.html (Zugriff 11.10.2021, gek.); Zur besseren altersgemäßen Verständlichkeit wurde der Originaltext verändert, ohne den Inhalt und/oder Sinn zu verändern.; **26** Janosch erzählt Grimm's Märchen. Beltz & Gelberg Weinheim 1996, S. 175 ff.; **28** Türkische Volksmärchen. Hrsg. v. Pertev Naili Boratav. Übers. v. György Hazai u. Doris Schultz. Akademie Berlin 1967; **30** Kirsten John: Gefährliche Kaninchen. Arena Würzburg 2012 (Klappentext); **30.f.** Kirsten John: Gefährliche Kaninchen. Arena Würzburg 2012, S. 29–32; **34** Erwin Moser: Gewitter. In: Überall und neben dir. Gedichte für Kinder in sieben Abteilungen. Hrsg. v. Hans-Joachim Gelberg. Beltz & Gelberg Weinheim/Basel 1986, S. 260.; **37** Norton Juster: Weckerhund, Wedermann und Schlafittchen. Übers. v. Käthe Recheis u. Friedl Hofbauer. Benziger Zürich 1976, S. 23–43; **63** Burkhard Spinnen: Belgische Riesen. Schöffling & Co Frankfurt a. M. 2000, Klappentext; **65** Fabeln des Äsop. Nacherz. v. Rudolf Hagelstange. Otto Maier, Ravensburg 1965; **80** Die schönsten Märchen Brüder Grimm. Altberliner Verlag Berlin 1998, S. 28; **96** Brüder Grimm: Ausgewählte Kinder- und Hausmärchen. Philipp Reclam jun. Leipzig 1976, S. 35–37; **105** Theodor Etzel: Fabeln und Parabeln der Weltliteratur. Komet Köln 2004, S. 402; **LS14** Theodor Etzel: Fabeln und Parabeln der Weltliteratur. Komet Köln 2004, S. 402; **LS5.f.** Norton Juster: Weckerhund, Wedermann und Schlafittchen. Übers. v. Käthe Recheis u. Friedl Hofbauer. Benziger Zürich 1976, S. 23–43

Bildquellennachweis

Cover.o. Getty Images Plus, München (E+ / Imgorthand); **Cover.u.** stock.adobe.com, Dublin (Dina); **U2.1** Wieland, Tobias, Celle; **U2.2** Goedelt, Marion, Berlin; **U2.3** Goedelt, Marion, Berlin; **U2.4** Oser, Liliane, Hamburg; **U2.5** Brüggemann, Vera, Bielefeld; U3.1 Grigo, Pe, Bielefeld; **U3.2** Grigo, Pe, Bielefeld; **U3.3** Grigo, Pe, Bielefeld; **U3.4** Ernst Klett Verlag GmbH, Stuttgart; **U3.5** Grigo, Pe, Bielefeld; **U3.6** Grigo, Pe, Bielefeld; **U3.7** Grigo, Pe, Bielefeld (Katrina Lange); **2** Wieland, Tobias, Celle; **4.1** Schwarwel, Leipzig; **4.1** Oser, Liliane, Hamburg; **4.2–4.6** Schwarwel, Leipzig; **6.o.** Wieland, Tobias, Celle; **7** Schwarwel, Leipzig; **8.1** Oser, Liliane, Hamburg; **8.2** Goedelt, Marion, Berlin; **11.1** Goedelt, Marion, Berlin; **11.2, 11.3** Goedelt, Marion, Berlin; **12.1** Oser, Liliane, Hamburg; **12.2** Getty Images Plus, München (DigitalVision/MoMo Productions); **12.3** Getty Images Plus, München (iStock/PeopleImages); **12.4** ShutterStock.com RF, New York (gpointstudio); **12.5** Getty Images Plus, München (iStock/digitalskillet); **15.1** Oser, Liliane, Hamburg; **15.2** jani lunablau, Barcelona; **17.1** Oser, Liliane, Hamburg; **17.2** Michael Mantel, Barum/Tätendorf; **18** Michael Mantel, Barum/Tätendorf; **19.1** Oser, Liliane, Hamburg; **19.2** Alamy stock photo, Abingdon (Panther Media GmbH); **21** jani lunablau, Barcelona; **22.1** Oser, Liliane, Hamburg; **22.2** iStockphoto, Calgary, Alberta (Scrofula); **23** Fröhlich, Anke, Leipzig; **26** Oser, Liliane, Hamburg; **27.1–27.6** jani lunablau, Barcelona; **29** Oser, Liliane, Hamburg; **30** Aus: Kirsten John / Gefährliche Kaninchen. Illustrationen von: Maja Bohn (c) 2012 Arena Verlag GmbH, Würzburg. Mit freundlicher Genehmigung; **31** Goedelt, Marion, Berlin; **32** Goedelt, Marion, Berlin; **34, 37** Oertel, Katrin, Münster; **40, 41** Michael Mantel, Barum/Tätendorf; **43** Oser, Liliane, Hamburg; **44** stock.adobe.com, Dublin (racamani); **46** Michael Mantel, Barum/Tätendorf; **47** Wieland, Tobias, Celle; **49.1, 49.2** Goedelt, Marion, Berlin; **50** Maja Bohn, Berlin; **51** Wieland, Tobias, Celle; **53** Voets, Inge, Berlin; **55** Schwarwel, Leipzig; **56** Voets, Inge, Berlin; **59** stock.adobe.com, Dublin (Andrey Armyagov); **61** jani lunablau, Barcelona; **63** Goedelt, Marion, Berlin; **65.1–65.3** Schwarwel, Leipzig; **66.1, 66.2** jani lunablau, Barcelona; **67** 123rf Germany, c/o Inmagine GmbH, Nidderau (Joachim Berschauer); **68** Berg, Maja, Berlin; **69.1** stock.adobe.com, Dublin (nyiragongo); **69.2** Oser, Liliane, Hamburg; **70, 71** Oser, Liliane, Hamburg; **72** 123rf Germany, c/o Inmagine GmbH, Nidderau (Irene Salvador); **73.1–73.3** Oser, Liliane, Hamburg; **74.1** Goedelt, Marion, Berlin; **74.2** jani lunablau, Barcelona; **75** Picture-Alliance, Frankfurt/M. (dpa/Südtiroler Archäologiemuseum/Ochsenreiter); **76** Michael Mantel, Barum/Tätendorf; **78, 79** Voets, Inge, Berlin; **80** Schwarwel, Leipzig; **81, 82.1** Oser, Liliane, Hamburg; **82.2** Julia Flasche, Berlin; **83.1** Hammen, Josef, Trierweiler; **83.2** Oser, Liliane, Hamburg; **84** Oser, Liliane, Hamburg; **85.1** Getty Images Plus, München (iStock/zeleno); **85.2** stock.adobe.com, Dublin (anna_shepulova); **85.3** ShutterStock.com RF, New York (yingko); **86, 88** Schwarwel, Leipzig; **90.1** ShutterStock.com RF, New York (Aspen Photo); **90.2** ShutterStock.com RF, New York (IntraClique LLC); **90.3** Thinkstock, München (iStockphoto); **92** Oser, Liliane, Hamburg; **93** Mauritius Images, Mittenwald (Ingo Schulz/imageBROKER); **94** MEV Verlag GmbH, Augsburg; **96** jani lunablau, Barcelona; **98** Maja Bohn, Berlin; **99** Oser, Liliane, Hamburg; **99** Maja Bohn, Berlin; **100.1–102** Voets, Inge, Berlin; **103.1** ShutterStock.com RF, New York (Timolina); **103.2** Voets, Inge, Berlin; **104.1, 104.2** Oertel, Katrin, Münster; **105** Oertel, Katrin, Münster; **106.1** ShutterStock.com RF, New York (Paii VeGa); **106.2** Oertel, Katrin, Münster; **107** stock.adobe.com, Dublin (jakkapan); **109.1** Ablang, Friederike, Berlin; **109.2** Burghart-Vollhardt, Martina, Kamenz; **109.3** Oertel, Katrin, Münster; **109.4** Oertel, Katrin, Münster; **109.5** Oertel, Katrin, Münster, **LS3** Michael Mantel, Barum/Tätendorf

Medien zum Arbeitsheft

Seite	Nummer	Titel
4	V01	Eine Geschichte schreiben
15	V02	Einen Gegenstand beschreiben
19	V03	Einen Brief schreiben
19	V04	Eine E-Mail schreiben
22	A01	Das Königsmanteltier
22	V05	Leseschlüssel Sachtexte
26	A02	Janosch erzählt Grimms Märchen: Der Fundevogel
26	V06	Märchen erkennen
30	A03	Kirsten John: Gefährliche Kaninchen
34	A04	Erwin Moser: Gewitter
40	V07	Adjektive
40	V08	Adjektive steigern
43	V09	Personalpronomen
43	V10	Anredepronomen
48	V11	Verben (Grund- und Personalform)
48	V12	Präsens
51	V13	Präteritum
54	V14	Perfekt
56	V15	Satzglieder
57	V16	Subjekt und Prädikat
57	V17	Dativ- und Akkusativobjekt
64	V18	Wörtliche Rede
65	A05	Nach Äsop: Der Esel und der Fuchs
67	A06	Eine ungewöhnliche Idee
68	V19	Haus-Garage-Modell
69	A07	Die Titanic
71	V20	Wörter mit s-Laut schreiben
72	A08	Sonderbare Eidechsen
72	V21	Ableiten
74	V22	Verlängern
80	V23	Nomen erkennen und großschreiben
82	V24	In einem Wörterbuch nachschlagen
94	A09	Wölfe
96	A10	Der Wolf und die sieben Geißlein

2. Auflage 1 7 6 5 4 3 | 29 28 27 26 25

Unter Verwendung von Materialien: von Benny Alze, Susanne Helene Becker, Melanie Dutzi, Helen Göckritz, Pauline Majumder, Petra Middelmann, Kirsten Müller, Sandra Schicht, Christa Schürmann, Sabine Utheß, Lena Walter, Claudia Wendler, Susanne Wilckens

Entstanden in Zusammenarbeit mit dem Projektteam des Verlages.

Externe Redaktion: Veit Geldner, Leipzig
Gestaltung: normaldesign GbR, Schwäbisch Gmünd
Umschlaggestaltung: normaldesign GbR, Schwäbisch Gmünd
Titelbild: stock.adobe.com, Dublin (Dina); Getty Images Plus, München (E+ / Imgorthand)
Satz: Fotosatz Buck, Kumhausen/Hachelstuhlt
Reproduktion: Meyle+Müller GmbH+Co. KG, Pforzheim
Druck: Himmer GmbH Druckerei, Augsburg

Printed in Germany
ISBN 978-3-12-314471-4

9 783123 144714